International Relations

国際関係論の新しい学び

英語を用いた学習者主体の授業実践

上杉勇司・大森 愛 編著

明石書店

まえがき

立命館アジア太平洋大学　学長特命補佐　出口治明

大学の国際化が言われて長い年月が経ちます。日本人学生の英語力を何とかしようという政府の希望は、小学校からの英語授業の導入、会話重視のカリキュラムへの移行など、試行錯誤を繰返したものの、その効果は芳しいものではないようです。大学レベルでは、政府はスーパーグローバル大学を選定し、そこでの「国際化」の様々な試みを財政的に支援しました。

助成を受けた側の大学では、自らを「国際化」するということをどのように捉えていたのでしょうか？世界水準での研究力の卓越を目指すAタイプと、教育の国際化を目指すBタイプという、助成する側の政府から与えられた区分にしたがって各大学のプログラムが編成されることになりましたが、Aタイプに選ばれた、というよりそもそもこれに応募した大学のほぼ全てが旧帝国大学系の国立大学でした。Bタイプの大学のプログラムは、キャンパスへの国際留学生の誘致、日本人学生の海外留学の促進（その多くが短期）、授業を英語で担当してもらう国際教員の雇用、それらの施策に付随した大学職員の英語での執務能力向上を目的としたものに留まりました。

各プログラムの達成度を測る数的指標の導入もあり、多くの大学が目標を達成したと判定を受けましたが、それ以上に深く「国際化」の意味を掘り下げた振り返りは、ほとんど見られませんでした。国内私学としては最大規模の早稲田大学と、学生数6,000名程度の中規模大学である立命館アジア太平洋大学（APU）が、海外からの留学生数で国内の１位を競っている一方で、学費も安く巨大な旧帝国大学系の国立大学における外国人留学生のプレゼンスが低いのは、大学国際化の牽引は私学のほうが熱心にやっている証だと思います。

僕は人、本、旅を通じた学びが人生を充実させると思っています。外国へ留学する意義は、語学を身に付けるのみならず、多様な人々と交流し、自らの視野を広げることにあります。多くの国内大学で取り入れた「英語による授業」では、学生のほとんどが日本人で、果たしてそれでも彼らの視野が広がるのでしょうか？もしそうなら、その効用と限界はいかなるものでしょうか？

本書は僕が2期6年にわたり学長を務めてきたAPUの佐藤洋一郎・アジア太平洋学部長と、国際政治の舞台で活躍できる日本人を育成するという彼の志を共有する、国内私学の海外経験豊富なエースたちが、その叡知と実践をまとめあげたものです。スーパーグローバル大学の助成を受けた大学の義務として、この事業から得られたノウハウを国内の他大学へ伝播することが課せられています。政府への報告書を読むよりも、現場に近い教員の生の声で書かれた本書が、日本の大学の真の「国際化」に役立つことを願っています。

国際関係論の新しい学び

―英語を用いた学習者主体の授業実践―

目　次

学習者主体の授業風景（上杉勇司撮影）

ロールプレイを用いた授業風景（上杉勇司撮影）

序章
新しい時代の新しい学び

早稲田大学　上杉　勇司
日本大学　大森　愛

1. 21世紀型コンピテンシー

21世紀は変化に富む。その激流の真っ只中にある私たちは、知識を習得し、問題を解決し、関係を改善するスキルを身につけ、正解のない複雑な課題に立ち向かっていかなくてはならない。そのためには、身につけた知識やスキルを生きた知恵へと昇華させていく必要がある。生きた知恵とは、社会的な課題を解決するための実践的な能力である。この能力を本書ではコンピテンシーと呼ぶ。

国立教育政策研究所は、変化の激しい予測困難な知識基盤社会が到来したとし、技術革新や創造をもたらすことのできる人材の重要性を説く[1)]。

次頁の表1は、現在の私たちに求められている21世紀型コンピテンシーを整理したものだ。これらコンピテンシーを身につけるための新たな学び方として本書で重視しているものは、⑴ 英語を手段として用いるという観点、⑵ アクティブ・ラーニングの手法を導入するという観点、⑶ 学習者主体の学びという観点である。なお、英語を手段として用いることと、後述する英語を授業の使用言語とする取り組み (English Medium Instruction：EMI) とは、同義語ではない。

英語を手段として用いるという観点では表1①の1-1と密接に関連してくるだろう。多様な背景をもった学生が集う、参加型の授業において、アクティブ・ラーニングを実践することは、①の1-2や1-3、および②の全項目の育成に役立つ。そして、学習者が主体的に学ぶ場として大学を位置づけ直すことは、③の全項目に資するだろう。とりわけ、3-3で求められている能力を学生が培うことになる。

もちろん、学生は21世紀型コンピテンシーを習得する前に、基礎科目を履修して基礎知識や議論の進め方のスキルを身につけなくてはならない。大学のカリキュラム・デザインとして、初級、中級、上級（応用編）があるように、前述した3つの新しい学び方は、応用編として位置づけられる。したがって、本書が紹介する実践例は、基礎科目受講後の学生を対象としたものだと理解してほしい。アクティブ·ラーニングの導入や学習者主体の学びを推進する本書は、近年の教育改革の目玉となっている「教えるから学ぶ」へのパラダイムシフトの流れに沿ったものである。

表1　21世紀型コンピテンシー

①相互作用的に道具を用いる	
1-1	言語、シンボル、テクストを相互作用的に用いる能力
1-2	知識や情報を相互作用的に用いる能力
1-3	技術を相互作用的に用いる能力
②異質な集団で交流する	
2-1	他人といい関係を作る能力
2-2	協力する能力
2-3	争いを処理し、解決する能力
③自律的に活動する	
3-1	大きな展望のなかで活動する能力
3-2	人生計画や個人的プロジェクトを設計実行する能力
3-3	自らの権利、利害、限界やニーズを表明する能力

（出所）松尾、2017、p.13

2. 大学では何を、どのように学ぶのか

21世紀型コンピテンシーを学習者たちが主体的に身つけるためには、彼らは大学で何を、どのように学べばよいのか。この点を次に考えてみよう。立命館アジア太平洋大学（APU）の出口治明学長（当時）は、著書『「教える」ということ』のなかで、以下の4点を日本の大学教育の目標として掲げた。[2)]

① 自分の頭で考える力
② 社会を生き抜く武器
③ 考えあう（peer learning）集団で学び・育てる
④ 学舎《まなびや》の環境（興味を引き出す、意味づけ）

この4点は、目標でもあり、「日本を救う、［尖った人］を増やすには」という上掲書の副題にもあるように、処方箋でもある。この処方箋は、本書が重視する学習者主体の学びのプロセスと共鳴する部分が多い。一つひとつ本書に引き寄せながら解説していこう。

(1) 自分の頭で考える力

考えることが重要だと言われて久しい。しかし、大学教育の多くは、いまだに知識付与型に偏っている。たとえば大教室での一方的な講義では、学生が自分の頭で考える力を養う機会が限られてしまう。コロナ禍となり、たとえばオンデマンド教材の制作を通じて、いかに学生に伝えるのか、を見直した教員も多いことだろう。教員の意図が学生に伝わることは、もちろん重要である。しかし、さらに重要なことは、伝わったメッセージを受けて、学生が自分の頭で考えることなのだ。「伝えれば、考えるだろう」といった安易な前提は危うい。教員の側が工夫をしなければ、学生が主体的に考えないことは多くの教員が実感しているだろう。考えるためのお膳立てや仕掛けが求められている。

本書が解説するワークショップは、まさに学生が自ら考えるための環境を作り出すことに長けている。自分の頭で考えることが重要なのであれば、そのやり方を指南していく必要がある。私たちが飛行機の操縦方法の講義を聞いたからといって、飛行機を操縦できるわけではない。考え方を学んだからといって、実践してみなくては身につかない。フライト・シミュレーターで何度も試行錯誤を繰り返し、墜落してもめげずに再び離陸する。このプロセスを経て、私たちは自分の頭で考えることに慣れてくる。

卒業論文の指導やゼミでの議論は、まさに自分の頭で考える訓練の場として位置づけられ、機能もしてきた。学生主体の学びの場ともなってきたといえよう。同時に、大学教育のハイライトがゼミだけではもったいない。普段の授業のなかに、自分の頭で考える機会を取り入れていく。学習者主体の学びを作り出す道具として、ワークショップは有効なのだ。

(2) 社会を生き抜く武器

時々刻々と技術革新が繰り返される現在、そして未来の社会を生き抜くために必要な武器とは一体なんだろうか。もちろん、多種多様な武器を揃えておけば安心だが、なかなか一人の人間がすべてを身につけることは難しい。そこで、国際関係論を学ぶという観点から、必要な武器を考えてみたい。

そのときの前提は、これからの世界では、グローバル化が加速化されていく、というものだ。世界はつながり、ヒト、モノ、カネ、情報は国境を越えて動く。そして、少なくとも現時点では、そのつながりの触媒としての英語が、今後も継続して使われていくであろうという未来図が見える。

つまり、世界の人々とつながる手段としての英語だ。意思疎通の手段としての英語を身につければ、それはグローバル化した社会を生き抜く武器になる。だからこそ、本書では、英語で学ぶことの重要性を説く。武器は身につけたら錆びないように砥がないといけない。意思疎通の手段として、英語を積極的に用いる機会がなければ、学生の英語力が錆びついてしまうだろう。大学が提供するEMI授業は、学生が高校生までに身につけた英語力を錆びつかせないようにするための道場といえる。心理的な壁を壊して、大学卒業後に実社会に出て「本番」を迎えたときにも怖気づかないように、心臓を鍛えておくのである。

(3) 考えあう集団

人類は集団生活をしながら栄えてきた。私たちの生存は他者との協力のうえで成り立つ。しかし、共存の過程では、争いは避けられない。意見の対立に出会うことも珍しくはない。助けあいや思いやりの大切さは、社会のなかで受け継がれていく。では、対立が生じてしまったとき、問題が発生したときに、私たちは、どうやって対立を解消していけばよいのか。数学の証明問題を解く経験から、問題解決に必要なのは、論理と「ひらめき」であることは学んだ。集団内や集団間で発生した問題を他者とともに解決していく方法は、ホームルーム、部活動、文化祭などの課外活動で学ぶことができるだろう。

大会で優勝するための方策をチームメイトと議論する。練習のメニューを練って実践していく。試合の後は反省会をして、さらに技量を上げる努力を積み重ねる。同時に、チームメイトとの信頼関係の構築の重要性やコミュニケーションのやり方を学んでいく。

こういったプロセスは、大学の授業のなかにも盛り込むべきだろう。社会の課題を解決していくうえで、考えあう集団の存在は欠かせない。そのような集団を形成することは、大学に課せられた役割の一つだといえる。教員の講義から新しい知識を学ぶこともあるだろう。しかし、同時に求められるのは、他の学生との対話や議論などの共同作業を通じて、学びのポイントを発見し、互いに刺激となる経験だ。異なる意見をもった学友は、論破すべき敵ではない。よりよい社会を形成するための多様な視点を提供してくれる仲間なのだ。

(4) 学《まなび》舎《や》の環境

学業の成否を左右するのは、学生の学力や努力次第だと考えてはいないか。しかし、実際には、教える側の接し方次第で、学生の能力が開花するか、否かが、大きく左右されることが研究で実証されている。学力の向上に最も効果的な要素は「関心をもつ」ことらしい[3]。だとすれば、授業の第一目標を、学生に興味関心をもってもらうことに位置づけ直す必要があるだろう。この科目を履修することの意義は何か。学生の人生にとって、どのような利点があるのか。この科目を履修すると何がわかるようになり、何が身につくのか。それは学生にとって、どのような意味があるのか。こういった意味づけがなされれば、学生は自ずと興味をもって授業に臨むだろう。

考えあう集団を大学の授業のなかに作り出すことができれば、学生たちの学《まなび》舎《や》の環境は、格段に刺激的なものになる。英語を使って授業が開講されることで、日本語を理解しない留学生が、ともに考えあう集団の一員に加わることができる。日本語が母語ではないため、日本語による一般入試では合格できない学生にも、門戸が広がる。英語を使用言語とするEMI授業を導入することは、多様な文化的背景や関心や視点をもった学生たちが、学《まなび》舎《や》に集い、考えあう集団の一員になることを可能とする。自分とは異なる意見にハッとしたり、感心したり、あるいは自分とはまったく違う反応に唖然としたり、ときに反感をもったりと、多様な環境で学びあうことの利点は計り知れない。そのことは、学生たちの授業後のアンケートからも明らかである。

「この授業で最も有意義だったことは、多様な意見や視点を、グループワークをした他の学生から得たことです」(早稲田大学国際教養学部 学生)

このような反応は、教員冥利に尽きる。学生たちは、日本にいながら異文化交流の果実を享受することができるのだ。

3. 21世紀の国際関係論

次に21世紀型コンピテンシーを本書のテーマである国際関係論の観点から論じてみよう。国際関係とは国家と国家の関係のことだ[4)]。国家間の関係には、たとえば、日本と中国といった2国間の関係や国際連合(国連)などに代表される複数の国家間の関係が含まれる。対象とされる関係には、軍事・安全保障、政治、経済、社会、文化と多岐にわたる。そして、国際関係論は、国家間の多様な関係を学際的に学ぶ学問分野の一つである。

1996年に東京大学教養学部の教員によって編纂された『国際関係研究入門』では、国際関係論に含まれる専門領域として、国際関係史、国際政治論、国際関係法、国際経済論、国際文化論、国際協力論、比較政治論、日本外交論、国際方法論が挙げられている[5)]。多様な関係があるなかで、国際関係論の中心的なテーマは、戦争と平和にあった。そして、今でも国際平和や安全保障に関する諸問題は、国際関係論の重要な関心事となっている。本書で学習者主体の授業の実践例として取り上げたテーマは、いずれも戦争と平和に関係するものだ。実践例を扱う第4章、第5章、第6章を担当した3名の教員は、それぞれ紛争解決・平和構築を専門とする。日本の外務省、NGO、そして国際機関の実務家と研究者の二刀流を自負しながら、戦争をなくし平和な世の中にするために、教育にも力を入れてきた。

「グローバル人材」の卵としての学生たちは、何のために国際関係論を学ぶのか。その目的を達成するうえで、コロナ禍を経て、今までの学び方の何が問題で、どのように改善すればよいと認識したのか。グローバル化が進む現代の国際関係のなかで、私たちは、もはや地球の裏側で起こっていることと無関係ではいられない。ウクライナとロシアの戦争は、物価の高騰を招き、私たちの日常生活に影響を及ぼす。米中の覇権競争が激化するなかで、台湾海峡をめぐる緊張が高まってきた。台湾有事となれば、私たちの平穏な生活は、一発で吹き飛んでしまうだろう。このような荒波のなかで、日本が行き先を見失わないためには、羅針盤が必要になる。国際関係論は、その羅針盤の一つを私たちに与えてくれる。

では、国際関係論の学び方は、時代の変化を反映する必要があるのだろうか。つまり、これまでの国際関係論の学び方で、学生たちは21世紀型コンピテンシーを効果的に身につけることができるのだろうか。本書では、21世紀という新時代に即した国際関係論の学び方がある、と主張する。知識やスキルを社会のなかで活かす能力がコンピテンシーだと定義した。その定義を国際関係論に当てはめてみれば、戦争、移民・難民、貿易摩擦、環境問題など国際社会が直面する多種多様な課題に対応するための能力が、21世紀型コンピテンシーに位置づけられる。そのようなコンピテンシーを習得するために、学生たちは、国際関係論を履修しているのだ。自らの視野を広げ、理解を深め、交渉や対話といった合意形成のスキルや意思決定の手法を学ぶことが期待されている。つまり、異なる価値観や意見をもった他者との間に生じた問題を解決する能力が、国際関係論が提供すべき21世紀型コンピテンシーの核心だといえる。

なお、大学が開講する国際関係論に属する全科目で、先に表1で記した全能力を網羅的に開拓する必要はない。大学には多様な科目があってよい。カリキュラム全体として、21世紀型コンピテンシーの習得に対応できればよい。

4. 国際関係論を英語で学ぶことの利点

次に、国際関係論を英語で学ぶことの利点について考えていく。

国際関係の現場と聞いて、どのような場面を想像するだろうか。外交官が条約を交渉する国際場裏や国連安全保障理事会（安保理）だろうか。それともCNNやBBCなどの海外メディアの報道だろうか。あるいは、世界を相手にしたビジネスシーンかもしれない。もちろん、このような場面では、法律・政治・経済・経営などの高度な専門知識が必要となってくる。

だとしたら、専門的なことを母語ではない英語で学んで非効率ではないのか。そのような欠点を補ってもあまりある利点とは何なのか。もちろん、この点については、本章に続く本書の各章で、具体例を交えながら議論を展開していく。以下では、最もわかりやすい3点に絞って解説していこう。

(1) 実践的な学びから即戦力が育成される

それぞれの業界で通用する専門用語や特殊な表現が存在することは周知の事実。英語で国際関係論を学ぶ利点は、国際関係の現場で実際に使われている原語を、そのまま使って関連テーマを学べることにある。

外交、国際協力、国際ビジネスなど国際関係の現場では、英語が公用語として用いられることが多い。そのため、専門用語を英語で学んでいた方が、日本語から翻訳する手間が省け、効率的だ。英語で国際関係論を学ぶことは、即戦力の人材育成につながっていく。

また、英語から日本語に訳した場合に、微妙なニュアンスが伝わりにくいことがある。最初から英語で学んでいれば、そのような問題も起こりにくいだろう。たとえば、交渉でよく用いられる「Win-Win」という用語は、和訳するのが難しい。感覚としては、近江商人の「三方よし」が近い。しかし、この訳では、英語の表現がもつ二項関係という前提を完全に捉えることはできない。

他にも国際関係論では、「Responsibility to Protect (R2P)」や「Do No Harm (DNH)」といった専門用語が使われている。専門家の間では、R2PやDNHといった略称が用いられることが多い。こういった英語による略称は他にも多数あり、それらに関する知識は、即戦力の人材には欠かせないものとなるだろう。

R2Pには「保護する責任」という和訳があるが、日本語には略称が存在しないため、英語のR2Pで得られるリズム感が失われてしまう。DNHについては、「害悪を及ぼしてはならない」と直訳はできても、その語彙に連なる背景情報は失われてしまう。DNHとは、医療は両刃の剣であるとした「ヒポクラテスの誓い」の一節に語源があり、よかれと思ってしたことが、かえって状況を悪化させてしまうという教訓が込められている。もちろん、このような慣用句は、欧米人の教養と密接に関連しており、それらを盲目的に学ぶことで、欧米至上主義や新植民地主義に意図せずして毒されてしまうという弊害もある。とはいえ、そのような教養を身につけていることが、即戦力として役に立つことも事実である。

(2)「伝わる英語＝わかりやすい英語」だと実感する

英語は色々な場面で用いられているが、すべての英語話者が、母語のように英語を使っているわけではない。

青年海外協力隊の一員として西アフリカのシエラレオネで援助に携わる場合を考えてみよう。英国の植民地だったシエラレオネの公用語は、今でも英語だ。ときにはシエラレオネ政府関係者と英語で交渉する場合もあるだろう。同時に援助を受け取るコミュニティーの村長や女性団体などとの日々のやり取りを重ねることも多い。

村落で対話をする相手は、必ずしも高等教育を受けているわけではない。わかりやすい表現や基礎的な語彙を用いて意思疎通をしていく必要がある。こういった場面で、通訳を介することはよくある。通訳との意思疎通においても、できるだけ、簡潔かつ易しい表現を心がけることが肝心だ。聞き取りやすいように伝えることも忘れてはならない。

しかし、英語母語者が話すように、あまりにも流暢に話したり、難しい専門用語を乱用したりしては、こちらの意図が相手に伝わらない。だから、英検2級程度の英語を用いて話すほうが、相手にとってはわかりやすい、ということだってあり得るのだ。

教室内に英語を母語としない諸外国からの留学生が多くいれば、どのような英語の表現であれば伝わりやすいのか、試行錯誤をすることができる。そして、その「伝わった！」という感動の経験は、継続して国際関係論を学んでいく動機にもなっていくだろう。

また、英語母語者でも、インド人の英語、ニュージーランド人の英語、シンガポール人の英語、フィリピン人の英語、マラウイ人の英語、シエラレオネ人の英語など、英語にも多様性があることにも気がつく。実は英国人や米国人の話す英語にも多様性（地域差、階級差、人種差、性差）がある。それに気がつけば、日本人訛りの自分の英語を恥じるのではなく、多様性の一つとして自信をもつことができるだろう。日本人訛りでも伝わるときは伝わる。Thank you というときに、舌を歯で軽く挟まなくても、文脈を共有していれば「サンキュー」で通じるのだ。

(3) 世界とつながり、情報量が増える

英語を使うことで、扱う情報量が格段に増える。国連安保理決議や事務総長報告などは、英語以外の国連公用語でも公開されているので、英語ができなくてもフランス語や中国語が理解できれば読むことができる。それでも、国際機関が出している報告書、研究論文、専門書籍、メディアの報道などを英語で参照できるのとできないのとでは、得られる情報量に圧倒的な差が生じるだろう。

さらにいえば、英語を使うことで、インターネット上に広がる玉石混交の情報へのアクセスも可能になってくる。また、英語でレポートを書けば、より多くの人々に読んでもらえる確率が高まる。

コロナ禍で、オンライン技術を用いた授業形態が広がったのは周知のとおり。この技術の導入によって海外とつながることが容易になった。隣の部屋にいる人と同じように地球の裏側の人と対話ができるようになった。時差という課題は残るものの、時間調整ができれば、日本の大学の教室にいながら、外国の大学の教室や国際協力の現場とライブでつなぐこともできる。

東ティモールの平和構築を支援する具体策を練る課題を学生に課したときのことだ。東ティモールで活動している NGO の職員や現地社会の人々とオンラインでつないで、現地のリアルを学生に伝えてもらった。どのような課題があり、どういった方法は効果が期待できるのか。これまでの取り組みから得られた教訓は何か。このような質問を学生たちは画面の向こう側にいる相手にぶつけていた。

つまり、情報収集や意思疎通の道具として、英語を用いることができれば、それだけ視野が広がる。教室で日本語による講義を聞くという従来の方法では、得ることができなかったものが、希望すれば簡単に得られるようになった。このような道具を使わない手はない。

英語で国際関係を学ぶことの利点は、単に情報量が増えるだけではない。多角的な視点を得られることも利点に挙げられる。これは異文化交流で記したことと関連する。先進国の視点だけではなく、途上国の視点から、物事を見ることができる。イスラム教徒の観点から、キリスト教徒の観点から、仏教徒の観点から、ヒンズー教徒の観点からは、それぞれ異なって見える現実があることも知ることができる。アフリカ、アジア、欧州、北米、南米、太平洋島嶼国、オセアニア、コーカサス、いろいろな地域に特有の考え方や利害関係なども、クラスメイトとの会話から、垣間見ることができるかもしれない。

5. 本書の魅力

本書の特異性は、日本の大学にて国際関係論を英語で学ぶとは、どういうことなのかについて実践例を交えながら議論している点にある。くわえて、学習者主体の学びを提供するためには、どういった創意工夫が求められ、どのような課題が残されているのかについて記している点も本書の魅力として挙げられよう。

日本人であるにもかかわらず、しかも日本にいながら、なぜ英語で国際関係論を学ぶのか。英語が苦手な人にとって、英語で国際関係論を学ぶ試みは無謀ではないか。英語が得意だからといって、英語で国際関係論を学ぶことは、日本語で学ぶ場合と比べて効率が悪いのではないか。こんな疑問に本書は答えていく。

結論を先取りしてしまおう。本書では、国際関係論を英語で学ぶことの利点が多いことを明らかにする。本書の著者たちは、文部科学省が推進する「スーパーグローバル大学創生支援」を推進する早稲田大学、上智大学、立命館アジア太平洋大学（APU）、立教大学にて、グローバル人材育成の一環として、EMI授業を担当している。早稲田大学は世界レベルを狙う「トップ型（総数13校）」、上智大学、APU、立教大学は日本社会のグローバル化を牽引する「グローバル化牽引型（総数24校）」に分類されている。これらの大学は、EMI授業を履修するだけで学位が取得できる先進的な大学だ（全国の大学の6％でしかない）。

著者たちは、教室や国際関係の現場での肌感覚をもとに、将来のグローバル人材となるためには、学生たちが英語で国際関係論を学ぶことの利点を認識してきた。各大学で教壇に立つ著者たちが、自らの試行錯誤の結果を共有することで、学生たちが英語で国際関係論を学ぶことの利点を浮き彫りにすることを試みた。

第1章では、グローバル化した社会で求められる英語力について確認する。立教大学異文化コミュニケーション学部で教鞭をとっている大森愛（現在の本属は日本大学商学部）と早稲田大学国際教養学部・国際コミュニケーション研究科にて英語で国際関係論を担当する上杉勇司は、次のように主張する。英語を母語話者のように用いることが重要なのではない。英語は意思疎通のための手段なのだ。たとえば、国連のような国際機関では、異なる国から集まった人々が使用できる共通の言語が必要だ。英語は手段であることを再認識すれば、英語を学ぶことのハードルは低くなる。もしも英語に苦手意識をもっているならば、まずは日本の高校卒業レベルの英語力を身につける必要を説く。上級レベルの英語の語彙や慣用句を覚えること以上に、積極的に意思疎通を図ろうとする姿勢の方が重要だと主張する。

第2章では、日本の教育政策や大学事情に焦点を当て、英語での学びを議論していく。上智大学でグローバル化推進担当副学長を務め、自身も英語で国際教育学を教えている杉村美紀（総合人間科学部）は、ポスト・コロナの状況を踏まえ、高等教育における国際的な動向を概観する。そして、学習者主体の学びが日本の大学教育においても重要であると主張する。なぜ学び方の質的な変化が必要なのかについて、実践的な意義と政策的な意義の両方を説明していく。

第3章では、英語による大学教育プログラムの先駆者であり、独自の試みを積み重ねてきたAPUの取り組みを、アジア太平洋学部長の佐藤洋一郎が解説する。どのように多文化環境を作り上げたのかが記される。

コロナ禍では、これまでと勝手が違い、試行錯誤を繰り返す毎日だった。第4章、第5章、第6章では、学習者主体の学びをデザインする経験をもつ上智大学の小林綾子（総合グローバル学部）、早稲田大学の上杉勇司（国際教養学部）と小山淑子（社会科学部）が、コロナ前とコロナ禍の状況を比較しながら、それぞれの実践例を共有する。彼らは、英語で教える側の視点だけでなく、英語で学ぶ学生の視点も考慮した教室内での試みを再現していく。

終章では、本書の編集を担当した上杉勇司と大森愛が、日本の大学が担うグローバル人材教育において、学生たちが国際関係を広く浅くではなく、深く鋭く学ぶ環境を提供していくことが必要だと説く。この前提に基づいて、ポスト･コロナ時代の学習者主体の学びの方法を示していく。グローバル人材とは、国内外を問わず意見の相違、価値観のズレ、利害の対立から生じる問題に対して多角的かつ柔軟に取り組んでいける人材を指す。

したがって、本書の読者層は次のとおり。

① グローバル人材になりたい人
② グローバル人材育成に携わっている教育関係者
③ 学習者主体の学びに興味がある人
④ 大学生で国際関係論を学んでいる人
⑤ 大学進学を検討中で英語課程で国際関係論を学びたいと思っている受験生
⑥ 受験生の親で子どもが英語課程に進学することに関心をもっている人
⑦ 大学で国際関係論を担当している教員
⑧ 高校教師で総合的な学習（探求）の時間に国際関係の問題を扱っている人

本書では、これらの異なる読者層に役立つトピックや事例を提供していく。私たちは意図的に複数の読者層を想定し、本書が日本の国際高等教育の現状と将来を考える一助となることを目指した。たとえば、現役の大学生は、教員が用いる教授法の背後にある考え方に詳細に迫ることができる。受験生は、実際の大学における学びの実態を垣間見ることで進学へのモチベーションを高めることができるだろう。受験生の親は、英語で国際関係論を学びたいと自分の子どもが希望したときに、自信をもって後押しすることができる。また、大学や高校の教育関係者には、授業を改善し、学習の質を向上させるための参考としてほしい。

次章では、大学での学びに英語を用いることの是非について論じていく。国際語としての英語を用いたEMI授業を実践・推奨する大森愛と上杉勇司が、その実践を取り巻く現状と課題を浮き彫りにしていく。

注

1） 松尾（2017）、p. 10
2） 出口（2020）
3） グラント（2014）
4） 滝田・大芝・都留編（2015）、p. i
5） 岩田ほか編（1996）

参考文献

グラント，アダム（楠木建監訳）（2014）『Give & Take「与える人」こそ成功する時代』三笠書房。
岩田一政・小寺彰・山影進・山本吉宣編（1996）『国際関係研究入門』東京大学出版会。
出口治明（2020）『「教える」ということ―日本を救う、［尖った人］を増やすには』KADOKAWA。
滝田賢治・大芝亮・都留康子編（2015）『国際関係学―地球社会を理解するために』有信堂高文社。
松尾知明（2017）「21世紀に求められるコンピテンシーと国内外の教育課程改革」『国立教育政策研究所紀要』第146集。

第1章
英語を用いた高等教育の学び

日本大学　大森　愛
早稲田大学　上杉　勇司

なぜ日本人なのに英語で国際関係論を学ぶのか。どうして早稲田大学、上智大学、立命館アジア太平洋大学（APU）など日本国内の大学は、英語で国際関係論を学ぶ課程を作ったのだろうか。

まず、英語で国際関係論を学ぶ課程が日本の大学内に生まれた背景として、グローバル化を推進する日本の大学教育を振り返る。とりわけ、近年導入の広がりをみせている英語を教授言語とする（English Medium Instruction：EMI）授業を紹介し、その利点と課題を記す。次に、国際語としての英語[1)]の特性を解説し、従来の英語教育のあり方を見直す。そのうえで、EMI 授業の魅力と学びを豊かにするためのヒントを紹介していく。

1. グローバル化した世界における日本の高等教育

なぜ国際関係論を英語で学ぶのか。その答えの一片は、グローバル化という言葉に象徴される。国際社会は、ますます互いに影響を及ぼしあっている。食糧、エネルギー、環境、経済活動、為替、株、そしてコロナに代表される感染症。すべてがつながっている。このような世の中で、もはや鎖国政策は通用しない。世界で何が起こり、何が進んでいるのか、つねに把握しておく必要がある。それが必要なのは、貿易や外交をする人間だけではない。農家など食に関連する仕事をするのであれば、国際的な食糧事情や地球環境の変化に敏感になる必要があるだろう。ビジネス・パーソンだって、世界の動きに疎くては、顧客のニーズを満たすことはできない。個人投資家（NISA）として証券取引をしている人も、国際情勢からは目が離せない。物価の上昇は、消費者の財布を直撃するから、もはや対岸の火事などとはいっていられない。

つまり、グローバル化に対応した人材の育成が、日本国内でも求められているということだ。もちろん、グローバル化への対応が叫ばれて久しい。目まぐるしく変転する世界のなかで、私たちが対応しようとしているグローバル化の実態を私たちは正確につかんで対応しているだろうか。

以下では、グローバル化とEMI授業との関係に焦点を当て論じていく。

(1) 高等教育におけるEMI授業

グローバル化が進むなか、同時に日本の高等教育の国際化が求められている。高等教育の国際化の一環として文部科学省は、1) 日本人学生にグローバル社会で活躍するために必要な英語力を身につけさせるため、また2) 来日した留学生が日本の大学で安心して勉学に励めるように日本の大学がEMI授業をある程度実施すること、あるいはEMI授業のみを履修することで学位が取得できるプログラムを提供することが大切であると説いた[2)]。その後、政府の教育関連プロジェクト（たとえば「スーパーグローバル大学創生支援事業」）などを通して大学の国際化が一層推し進められ、大学におけるEMI授業の導入も進んできた。

その広がりの結果、学部段階においてEMI授業を実施している大学は、令和元（2019）年で41％（307大学）にのぼり、さらにEMI授業のみで卒業できる学部は45大学、90学部に及ぶ[3)]。次頁の図1は学部段階における「英語による授業」実施の有無とそれのみで卒業できる大学・学部数の推移を示している。本書で扱うケースは、グローバル人材育成に力を入れ、日本の高等教育の国際化を牽引する大学（日本政府が助成するTop Global University: TGU）としてEMI授業の実施とそれのみで卒業できる課程を提供している大学である。

(2) EMI授業の利点

EMI授業の実施には多くの利点がある。ここでは4点に絞って述べよう。

①　留学生を惹きつけられる

留学生にとり、授業についていくだけの日本語力を習得することは大変な時

①外国語のみの授業の実施

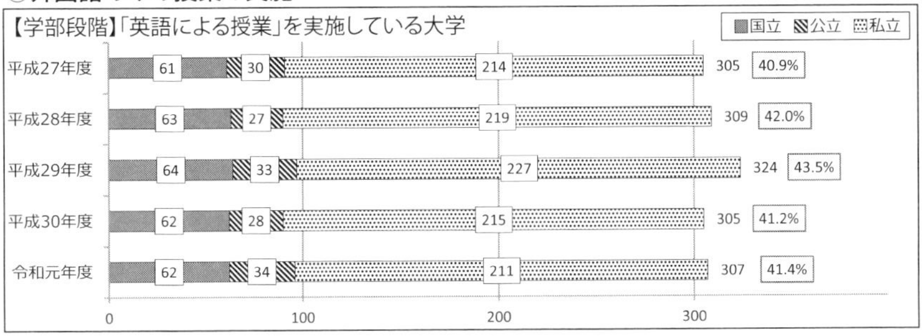

（※）大学院のみを設置する大学は母数に含めない。

②「英語による授業」のみで卒業できる（学科等がある）学部

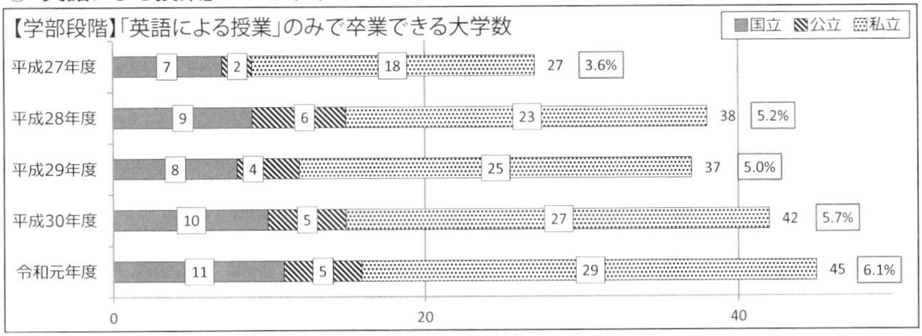

（※）大学院のみを設置する大学は母数に含めない。

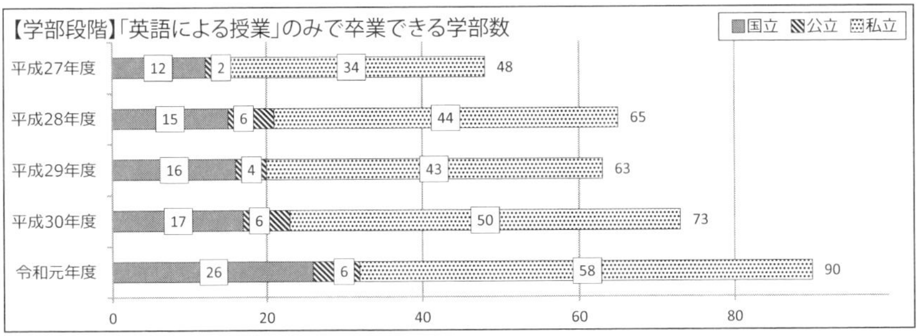

図１　「英語による授業」の実施状況
（出所）文部科学省、2021、p. 48より抜粋

間と労力の投資となる。進学先や交換留学先が一定の日本語能力を要求している場合、来日して日本の文化に触れ、人々と交流しながら学びたいと強く望んでいる留学生であっても日本語ができなければ、来日を諦めてしまうかもしれ

ない。しかし、国際語である英語で授業が履修でき、しかも学位が取得できるとなれば、日本語能力というハードルはなくなり、日本の大学で勉強できる可能性が大きく広がる。このことは、学生側の利点だけでなく大学側にとっても優秀な学生を世界から招き入れることができるという利点になる。

② 留学せず国内にいながらにして英語で専門教育を受けられる

これは国内の学生にとってのEMI授業の利点である。特に留学費用の心配や留学する時期が就職活動と重なるなどの理由から留学することを躊躇している学生にとって、EMI授業は留学以外に専門科目を英語で学ぶことができる選択肢となる。

③ 専門的な知識を得るだけでなく結果的に英語力も伸びる

従来、日本国内の大学で専門科目を学ぶ場合は日本語で学ぶことがほとんどであった。対してEMI授業は、その名のとおり英語を教授言語として採用し、授業で扱う内容は専門的なものになる。

EMI授業は語学教育の一環として英語の授業内で特定の内容について学ぶ場合と区別する必要があるだろう[4)]。後者は、語学授業であり学生の英語力に対する配慮やサポートがあることを前提にしているのに対し、EMI授業は、あくまでも専門的な内容の学習に重点が置かれている。担当教員も語学を教える教員ではなく専門科目を教える教員となる。授業についていくための英語力に対するサポートは基本的に期待できないと考えた方がよいだろう。そのため、英語を母語としない日本人学生らにとっては英語力の面で困難に直面することがあるだろうが、そうした困難な環境に身を置くことで結果的に受講生の英語力が伸びることが期待できる。

④ 日本国内にいながら異文化体験ができる

留学生など日本の一般的な教育環境以外で育ってきた学生は、EMI授業を履修する可能性が高い。そのため、日本の大学の授業内で多様な背景の学生たちと物事を多角的な視点から考え議論する授業実践が可能となる。このことは、第4章から第6章で示されるようにEMI授業の醍醐味の一つといえよう。

(3) EMI授業への積極的な参加を阻む心理的な壁

このような利点があるにもかかわらず、EMI授業が日本人学生に対して必ずしも有効に機能しているとはいえない現実がある。その背景には、一部の学生の英語力が、EMI 授業を履修するうえで最低限必要なレベルに達していないという実情があるだろう。本書の第3章で佐藤が記すように、EMI 授業を担当する教員からは、日本人学生の英語力不足を指摘する声が聞かれる。しかし、英語力不足だけが理由で EMI 授業に馴染めないという事例は少ない、と私たちは見立てている。むしろ強調したいのは、学生の心理的要因から生じる障壁を取り除くことの重要性だ。

EMI 授業には、英語母語話者もいれば、帰国子女のように海外で育ち英語を流暢に話す日本人学生もいるだろう。そうした学生の英語の流暢さに驚き、国内で育った日本人学生は、とても彼らと対等に英語で議論などできないと思い込み、物怖じしてしまう。必要以上に自分自身の英語力に対する評価を下げてしまう結果、萎縮して授業で発言ができなかったり、やる気や自信を失ってしまったりする（本書第4章を参照）。

このような心理状態は、実は英語圏に留学した日本人学生が、現地で経験する心理状態に近い。留学して授業に参加してみると、授業内での講義や発言を十分に理解することができない。現地の学生に交じって英語で意見を述べるなど、とても無理のように思えてしまう。しかし、半年もすれば授業環境にも慣れ、授業内容は教材をしっかり読むことでついていけることに気づく。授業内での発言についても、必ずしも他の学生が重要な発言ばかりをしているわけではないことがわかる。すると、発言回数は少なくても、また発言は短くても、自分の意見を言えるようになっていく。重要なのは、自分の考えを発することであり、またそのためには何よりも自分の意見をもつことが大切なのだと気づく。

英語力に話を戻そう。EMI 授業についていくには、英語の教材を読み、英語による講義を聞き、英語で議論に参加し、そして英語で発表したりレポートを書いたりする必要がある。そのため、当然一定の英語力が求められる。しかし、日本の中学・高校で一通りの英語教育を受けていれば、意思疎通に必要な英語の基礎力は身についているというのが私たちの考えである。そこで具体的に求められる英語力の目安として、まずは英検2級を目指してほしい。これは文部科学省が後援となり英検を運営している日本英語検定協会が高校卒業時の推奨目標としているレベルである。その英語力をフル活用してみよう。

もし日本で英語教育を受けた学生に欠けていることがあるとすれば、英語を用いて議論したり意見を述べたりする機会である。そのため、英語力の低さをなげくのではなく、実践力を身につけるためにも積極的にEMI授業に参加してほしい。英検2級以上の英語力が必要だという主張があるかもしれないが、多少英語力が不足していたとしても、心理的な壁を乗り越えることができればEMI授業についていくことは十分可能である。より上級レベルの英語力は、英語を使いながら身につけていけばよい。EMI授業に参加するために、まず取り組むべきことは、英語に対する自信のなさから生じる心理的な壁への対処なのだ。

次節では、学生が自分の英語力に自信がもてず不得手と捉えるのは、なぜか考えてみたい。正確な文法で話したり書いたりしなければいけない、あるいは言いたいことを流暢に言えないから英語が苦手だと考えてはいないだろうか。この英語に対する見方や姿勢について考えていこう。

2. 意思疎通のための実用英語

私たちは何のために英語を勉強しているのだろうか。どのような英語教育を受けてきたのか。受験を控えていれば、志望校に受かるための英語の勉強が必要になるだろう。では、その後はどうだろうか。ここでは、英語を意思疎通の手段として捉えたとき、どのような英語力が必要なのかについて考える。まずは英語が用いられている現実について考えてみよう。

(1) 英語使用者のイメージと実態

英語を用いて意思疎通をしている状況を思い浮かべてほしい。相手はどのような人物だろうか。どのような外見で出身地はどこなのか。そのような質問をある授業で日本人学生にしたことがある。容姿では「青色の目、金髪」といった描写が目立ち、出身地は英語圏や欧州の国が多く挙げられた。結果的に、85%(84人中71人)の学生が、自分が英語を用いて意思疎通をする相手として英語母語話者をイメージしていた。

しかし、世界で英語を使用しているのは、どのような人たちだろうか。ブリティッシュ・カウンシルによると、世界人口の4分の1にあたる17.5億人が役立つレベル（spoken at a useful level）の英語を話すという[5)]。注目すべき点は、その大半が非母語話者であり、母語話者数を遙かに超えているということだ。クリスタルは *English as a Global Language* と題する著書で、英語以外の言語を母語としながら英語を使用する話者（＝英語の非母語話者）の数は、英語母語話者数の約3倍になると試算した[6)]。ここでいう英語の非母語話者の一例として、歴史的に英語圏の植民地であった国で今でも公用語として英語を用いているマレーシアやケニヤの人々が挙げられる。さらに日常生活では英語を必要とせず、そのため外国語として学び、話す人々、つまり中国人や日本人も非母語話者の分類に入る。クリスタルの試算は1997年時点のものであり、さらにグローバル化が進んだ現在の英語の非母語話者数は、それを遙かに超えるだろう。

国内に目を向け訪日外国人観光客についても確認してみよう。日本政府観光局の発表統計によると、コロナ禍以前の2018年度に来日した外国人観光客の出身地は、多い順に中国（838万人）、韓国（753万人）、台湾（475万人）、香港（220万人）、米国（152万人）と続く[7)]。上位10位では米国と豪州を除き、すべてアジア諸国が占めている[8)]。割合では85％以上がアジアからの観光客だ。英語圏（米・英・加・豪・NZ・アイルランド）からの観光客は9％程度に過ぎない[9)]。

つまり、世界の英語使用者の状況を見まわすと、あるいは国内で外国人と接する場合についても、英語を用いて意思疎通を図るのは、母語話者よりも非母語話者との場合の方が確率的に高いということが理解できるだろう。このことは、国際機関で働く場合も海外赴任する場合も同様だ。英語を用いて交流する相手は、英語の母語話者よりも、多くの場合、非母語話者であることを認識してほしい。

(2) 国際語としての英語に求められるもの

英語使用者の大半が非母語話者ということは、母語話者は少数派になる。これは何を意味するのだろうか。

従来の英語教育の目的は、英語を用いて意思疎通をする相手を母語話者と想定していた。そのため、母語話者に通じる英語習得を目標としてきた。あるいは、英米文化を理解するための媒介として英語を位置づけてきた。目標とするモデルは母語話者であり英語圏の文化であった。その結果、母語話者のように流暢に英語を話せないことや、間違った英文法で話すことは、はずかしいという意識を強くもつことになる。しかし、グローバル化が進んだ現代では、英語を用いて意思疎通をする相手は母語話者を含む多様な背景をもつ人たちなのだ。相手の母語を用いて意思疎通ができるのであれば、その言語を用いればよい。しかし、多くの場合そうもいかない。そのため、多くの人が多少なりとも使用する英語を意思疎通の手段として用いる[10)]。これが国際語としての英語の役割となる。国際語としての英語を理解するには、英語に対する意識の大変換を意味するパラダイムシフトが必要であろう。

このパラダイムシフトを理解するのに、ローズとギャロウェイによる従来の英語教育と国際語としての英語教育の対比が参考になる[11)]。ここでは、従来の英語教育とグローバル化時代に使用する国際語としての英語教育で捉え方が異なる点について簡単に触れる。

まず、従来の英語教育では英語を用いて対話する相手を母語話者と想定してきた。そして、英語は母語話者のものであり、英語を通して学ぶ文化は英語圏のものを前提としてきた。「正しい英語」とは英語圏で話される「標準英語」と捉え、母語話者がモデルとなる。それ以外は「間違った英語」という評価が下されてしまう。

それに対してグローバル化時代に使用する国際語としての英語教育では、英語を用いて対話する相手をすべての英語使用者と想定している。異なる母語や文化をもつ人たちとの対話を想定しているのだ。英語を介して学ぶ文化は「英語圏の文化」のように固定されているのではない。その時々の相手や状況によって異なるのである。またモデルとする英語は、母語話者のものではなく、対話している相手によって変わってくる。国際語としての英語を使用するロールモデルは、熟練した英語使用者ということになる。英語で意思疎通をする場合にも母国語や自国の文化の「くせ」が出たとしても、それは「個性」のようにプラスとして捉えられ、英語を用いるときの妨げとは捉えられない。話す相手が変われば、互いの関係性によって用いる表現や会話の雰囲気が変わるイメージだ。国際語として英語を使用する際に重要なことは、互いの考えが伝わること、つまりコミュニケーションが成立することなのだ。

たとえば、日本人とインドネシア人が英語で対話している状況があるとしよう。その場合、どちらの側にとっても英語母語話者をモデルとした「標準英語」で流暢に話す必要性はない。それぞれの発音に特徴があっても構わない。母語話者をモデルとした場合では「間違い」とされる英文法や表現を用いたとしても、それは重要なことではない。何よりも大切なことは、意思疎通を図ることである。それが国際語としての英語の役割であり、国際語としての英語にはわかりやすさが求められる。鳥飼玖美子の表現を借りるならば、「きれいな英語」よりも「わかりやすい英語」が大切なのだ[12)]。

国際語として英語を用いる場合、相手が母語話者の場合であっても同様のことがいえる。国際語として英語によるコミュニケーションを成立させるには、英語の非母語話者、母語話者にかかわらず、双方が互いのコミュニケーション方法や違いを尊重し、歩み寄る必要がある。母語話者の話す英語の方が正しいとか優れているという見方は成立しない。どちらの話す英語も対等なのだ。

本書で扱うケースは国際語としての英語を採用している。目標は、母語話者のような流暢な英語でコミュニケーションをしながら授業内容を学ぶことではない。英語を用いて国際関係論について学ぶことである。相手の話を理解したり、資料や文献を正確に把握したりするための英語力は必要であるが、それは異なる背景をもつ学生とともに意見を交わし物事をより多角的に考えるための手段なのである。言い換えると、EMI 授業で採用する国際語としての英語は、単に母語話者のような流暢な英語を話すことができれば済むというものではない。繰り返すが、自分の意見をもち、英語を駆使して、その意見を発信しようとする意欲の方が重要なのだ。背景の異なる仲間と意思疎通を図りながら、相手を理解し、共同作業しようとする積極的な姿勢が、国際語としての英語を用いる場合に求められる。

(3) 英語に過度に頼ることの危険性

英語の重要性と多用性を説いたところで、いくつか確認しておこう。

皆さんは、外国人と意思疎通する場合、「英語」で会話することを大前提にしていないだろうか。英語が共通語として機能しない状況を想定したことはあるだろうか。どこかで「当然英語を学ぶべきだ」と信じるがあまり、それ以外の言語を軽視していないか自問してほしい。軽視していなくとも、英語以外の言語や文化に対して関心をもたない姿勢は、多様性を否定しかねない姿勢であることを自覚してほしい。

強調したい点は、英語を使うことで知らぬ間に米英的な価値観に染まってしまうリスクがあるということだ。たとえば、英語が共通言語となることで、英語以外の言語で交わされる言論が、米英が支配的な影響力をもつ主要なメディア、研究分野や学術論文から抜け落ちてしまう。それは英語以外で存在する言論や情報が軽視されやすくなることを意味するのではないか。情報源を英語のみに絞ることで、英語の言論空間において支配的な地位を占めている米英的なモノサシで物事を判断してしまいかねない。国際関係で強い影響力をもっている米英が、実は英語を共通語とすることで、その影響力を維持し、さらに深化させている。英語に通じることで、そこから漏れ落ちてしまう人々の声に耳を閉ざしていては、真実からは遠ざかってしまう。このことは、日本国内の事情を顧みれば、わかりやすい。日本国内において、英語で発信している一部の層の意見が、日本国内の草の根レベルの意見を代表するとは、とてもいえない。

たとえば、中国語やロシア語がわかれば、米英とは異なった見方が可能になる。ロシアのウクライナ侵攻について、日本では国民の9割以上が、ロシアに責任があると考えている[13)]。他方で、中国では、国民の9割以上が、その責任は、ロシアではなく米国にあるという結果が出ている[14)]。政治体制が変われば、言論の中身も変わりかねない。報道の内容やあり方が異なれば、人々の認識も影響を受けて差異が生じかねない。私たちは、すべての言語を理解することはできないが、英語ばかり重視するあまり、他の言語や文化が提供してくれる視点を見落としていないか自問する姿勢が重要であろう。

国際語としての英語を使用する人々は世界人口の一部に過ぎない。先のブリティッシュ・カウンシルの調べは、裏を返せば地上の4分の3の人々が英語を役立つレベル（spoken at a useful level）で駆使できないことを意味する[15)]。見方によっては英語を駆使できる人たちをエリートと捉えることができよう。世界人口の大部分を占める一般の人々が英語で意見を発信することが少ない場合、英語で発信ができるエリートが、一般大衆の見解を代弁していると考えるのは軽率ではないか。英語にのみ頼ることは、社会の弱者の声が聞こえてこないことになりかねない。英語は有効な意思疎通の手段になり得るが、それに重きを置き過ぎることには注意が必要なのだ。

3. EMI 授業を通じて得られる異文化交流の体験

EMI 授業の醍醐味の一つとして、先に日本国内にいながらにして異文化交流の機会がある点を挙げた。EMI 授業では、多様な背景をもつ学生たちと意見交換をしたり議論をしたりすることにより、多角的な視野を身につけることができる。

ここでは一例として、授業中の学生の「沈黙」(silence) に対する留学生の反応と学びを紹介しよう。この EMI 授業では、英語教育の分野に関連して文化的背景が異なると学習者の学び方や授業実践に、どのような違いが生じるかについて議論した。

一般的に欧米の学生に比べると東アジアの学生は授業中に発言が少なく、(私語を別にすれば) 授業中は比較的静かな傾向がある。そのなかでも日本人学生の沈黙は特筆に値するようで、研究対象となっている。そうした研究を授業で扱ったところ、フランス人留学生が次のような反応を記した。

> *The Japanese students' participation problem is something that I could really relate to as a foreign student in Japan, because I had never before been in such quiet classrooms. No one is saying anything, no one is answering the teachers when they ask a question (except for international students!), no one raises their hands when the teacher asks for the students' opinion. This felt very awkward to me, because in France, a lot of students would always raise their hands, speak, or even interrupt the teacher to give their opinion if they didn't agree with what the teacher was saying.... I sometimes get the feeling that Japanese students weren't interested at all in the lesson, but when I asked them, they told me that they liked this class. So why the heck aren't they participating more? This is a mystery to me.*

> 日本人学生の参加についての問題は、留学生として日本で学ぶ私にとって、とても身近に感じる話題です。実は、こんなに静かな教室で学んだことがなかったのです。誰も何も言いません。誰も先生の問いかけに答えません（応答するのは決まって留学生です！）。先生が意見を求めても、誰も手を挙げません。この状況は、とても不自然に感じられました。フランスでは、多くの学生が手を挙げるし、発言もします。先生の意見と異なる場合は、先生の発言を遮ってまで、持論を述べる学生もいるくらいです。日本人学生は授業に全く興味がないのかと思っていました。ところが、彼らに尋ねてみると、授業は面白いって言うのです。それならなんでもっと参加しないの？これが謎なのです。

この留学生は、日本の大学の授業に参加するなかで、日本人学生の授業を受ける姿勢に対して違和感を抱いていたようだ。ところが、授業中の「沈黙」という題材を通して、日本人学生の沈黙が必ずしも学生の怠慢や授業のつまらなさといった負の理由から生じるのではなく、静かに聞きながら集中して考えている姿勢の表れであることや、指されてから発言した方がよいのではないかという遠慮の表れであることを、学んだ。

他にも例がある。グループワークをすると、問題解決へのアプローチが文化により異なることを学生は経験する。たとえば、南・北米や南アジア出身者がいるグループでは、その学生がリーダーシップを発揮して、あれこれ意見を述べることで、問題解決を目指す。グループ内に他に南・北米や南アジア出身者がいれば、提示された意見に彼らが反論することもあるが、日本人学生しかいない場合は、まずは採用してみようといった空気が醸し出されることが多い。発案者に「ノー」を突きつけるよりは、まずはやってみてダメだったら、次の案を考える方が、波風が立たないからだ。中国人が集まったグループでは、意見の応酬をよく見かける。批判や反論がなされても誰も気にしていないようだ。そのなかで、ひたすら耳を傾ける日本人がいる。他方で、日本人や韓国人ばかりのグループは、誰もリーダーシップを発揮せず、意見をぶつけあうのでもなく、阿吽の呼吸で、なぜか粛々と物事が決まっていく。

別の例としてベルギーから来日した留学生の話を紹介しよう。日本に来たからには、会話のなかで相槌を意識して使いたいというのだ。詳しく聞いてみると、ベルギーでは人と会話するときに相槌は打たない。話している人が話し終えるまで黙って聞くのが礼儀だという。話を聞きながらうなずいたり、声に出して「ええ」などと相槌を打つと、話し手は、聞き手が話を遮って発言をしたいと思うらしいのだ。解釈に個人差はあるにしても、あまり相槌を打つと、話し手は「人が話し終わるまでなぜ黙って聞こうとしないのか、失礼な人だ」とさえ思われかねないらしい。EMI 授業に参加する学生に安心感を与える意味も含め、あえて相槌をするようにしていた教員としては、この話を聞いた後、これまで以上に相槌に対して意識するようになったことはいうまでもない。

このように留学生の異文化体験を共有したり、異なる背景の人たちと膝を突きあわせて学んだりすることで、日本人学生が会得できる新たな視点がある[16)]。それまで当然視してきた授業風景、沈黙、問題解決方法について改めて考える機会になるのだ。そして意思疎通の重要性に気づく。EMI 授業を通じた異文化交流の結果として、新たな視点が得られるという利点についての詳細は、本章に続く各章で紹介していく。

4.　EMI 授業を楽しむためのヒント

先に述べたとおり EMI 授業は語学の授業ではない。そのため担当教員も語学を教える専門家ではない。国際関係論などの教科を専門とする教員である。このような事情から、EMI 授業で英語力に対するサポートを期待することは難しいと述べた。ただし現実的には、大学側が EMI 科目として設定していても受講生の状況に照らし合わせて英語以外に日本語を用いて授業を進める場合もあるだろう。また、たとえばグループ討議で中国人学生同士のグループの場合は中国語を用いることだって可能だ。クラス全体に向けて発表するときに英語を用いればよい。要は、英語やその他の言語を駆使しつつ参加者全員にとって最も有益な授業にすることを目標とすればよい。まずは心理的なハードルを下げ、EMI 授業に積極的に参加してほしい。以下では、授業中に少しでも英語で発言していくためのヒントを紹介する。

(1) 学生ができる工夫

まず、先述したとおり、一つの目安としてEMI授業に参加するために必要な英語のレベルを英検2級程度と設定する。これは文部科学省が高校卒業段階の英語力として推奨するレベルである。このレベルの英語力をフルに活用しよう。

授業中に指されて、とっさに自分の意見を英語で述べることができない人もいるかもしれない。そういう場合、まずは、相手に自分がどのような状況にあるのかを伝えるのがよいだろう。たとえば、以下のような表現を活用しよう。

- Please wait a moment. I am thinking.
- Could you repeat the question?

これ以外でも、自分で事前に用意し、自然に言えるように練習しておくとよいだろう。

他には、自分の意見をまとめる時間を稼ぐために、それまでの議論の要点をまとめたり、とりあえず問われた質問をおうむ返ししたりするという方法がある。また、意見を求められた場合に備えて、答え方の定型をもっておくのもよいだろう。

ときに英語で話そうと力むあまり、頭が真っ白になってしまうことだってあるだろう。そこで、自分の意見をまずは日本語でまとめてみよう。そして、それを英語に訳して、発言するという段階を踏めば、話しやすくなる。

ウクライナに対する支援として、日本は何をすべきなのか。まずは、自分の意見を母語である日本語で整理してみる。「武器の支援はダメだけれど、ポーランドなどの隣国に逃れてきた難民に対する人道支援は、してもよいのではないか。」このように意見がまとまれば、次に3点ほど理由を挙げてみよう。「武器の提供は軍事協力をしているとロシアに見られかねない。それに難民支援は合法的な活動だ。困窮する難民に対する支援は、日本国内でも支持が得やすい。」これを英訳してみる。箇条書きでもよいだろう。I don't think Japan should give weapons to Ukraine because Russia may see it as military aid. Rather, Japan should give aid to refugees who came to neighboring countries such as Poland. Helping refugees is legal, and the Japanese people support such aid to refugees who are in great need.

この例をみて自分の英語力では不十分だと思った人は、同じ内容を自分が知っている英単語を用いて書き換えてみよう。できるはずだ。たとえば、refugees（難民）という単語が出てこなければ、Ukrainian（ウクライナ人）としても大意は伝わる。必要な専門用語は何度も出てくるので、授業に参加する過程で自然と身についてくる。この翻訳方式の場合、タイムリーに発言ができないという欠点がある。しかし、一回の授業中に一度は発言するという課題を自らに課して、発言できるときに発言すればよい。

このような方式で、英語での発言に慣れてくれば、次の段階に進む。英語での問いかけに対して、簡単な英語でいいから、答えを英語で思い描く。演説をする必要はない。短く、わかりやすく、相手に自分の意見を伝えればよい。

具体的には、'I have 3 points.' のような発言の枕詞（最初にいうフレーズ）をもっていて、それを口癖にする。'I have 3 points...' と話し始めながら述べたいポイントを考えるのだ。別に3つ思いつかなくてもいい。「え！お前、2つしか言ってない...」なんて突っ込まれることはない。時間稼ぎのテクニックとして、相手の質問をおうむ返しに自問してもいい。'What kind of support should Japan give to Ukraine...' あるいは、それまでの議論を自分なりに要約してから意見を述べるという高等テクニックもある。'Many people have suggested that Japan should give weapons to Ukraine. But I don't think...' とつなげていく。

(2) 教員ができる工夫

学生が不必要にEMI授業に怖気づかないようにするために、専門科目の教員であっても、ちょっとした工夫で学生が参加しやすくなる環境を作ることができる。

一例を紹介しよう。学生は意見があっても頭に浮かんだ日本語を直訳しようとしてつまずくことがよくある。たとえば、ある授業の内容について「自分の日々の生活に直結しているため、とても役立つ」と言いたいとしよう。すぐに "What I learn in the class is relevant to my everyday life and it is very useful." と出てくればよいが、そうもいかない。そういうときは、"Tell me in easy English." と促す。言いたいことをかみ砕いて、短文で言うように勧める。その結果、要は "What I learn is very useful to me." といった趣旨が伝わればよい。授業で扱う内容はもっと高度な場合が多いだろうが、わかりやすい英語で表現することは可能である。ぜひ学生に勧めてほしい。

もう少し説明しよう。簡単な英語で簡潔に表現できないと学生が言うかもしれない。その場合、英語の代わりに日本語で説明を求めることもできる。ところが、学生が説明しているうちに日本語でもうまく説明できないことがある。つまり問題なのは、自分の考えがまとまっていないことであり、英語力でないことに学生自身が気づくことも珍しくない。

他にも教員側ができるサポートがある。それは、学生同士による学びあい（peer learning）を促進することだ。たとえば、少人数のグループワークを用いると、学生同士による学びあいがしやすくなる。グループをランダムに組むこともできるが、教員がグループ編成に細心の注意を払う方法もある。英語力に限らず、クラスのなかには、理解度が高く教えることが好きな学生がいるものだ。教えることで、教える側は自分の学びが深まる。挙手をして先生には聞きづらいことでも、グループワーク中に友だちに聞くことを憚る者は少ない。「先生、なんて言っていた？」、「結局、この課題では何をしたらいいの？」、「いつまでに何をしないとあかんの？」などの質問が飛び交う。また、英単語が出てこなければ「あれ、あれ、国連憲章って英語でなんて言うんだっけ？」のようにグループ内の生き字引に聞けばいい。

学生も教員もEMI授業に対して英語のハードルを上げ過ぎず、EMI授業を有意義なものにするために、まずは取り組めるものから取り入れてほしい。

5. EMI授業のススメ

本章では、なぜ日本人なのに英語で国際関係論を学ぶのか、という疑問に答えるために、紙面を割いてきた。

その背景には、日本の高等教育の国際化に伴いEMI授業が導入されるようになったことがある。また、グローバル化に伴い私たちが学ぶ英語の役割が変化してきていることも述べた。英語は意思疎通のための手段だと聞いて、もちろんそうだと思うかもしれない。しかし、よく考えてみてほしい。自分が想定する英語は固定観念に縛られていないだろうか。自分が発言するとき、あるいは誰かの発言に耳を傾けるとき、「正しい英語」というモノサシで判断してはいないか。今一度自分の英語力を振り返り、日本の高校卒業程度の英語力をまずはフルに駆使してみよう。失敗や間違いを恐れず、大学でEMI授業を見つけたら、積極的に履修してほしい。そこでは、専門知識の習得だけでなく、多様な背景の仲間たちと英語を用いて議論することで、新たな視点を身につけることができる世界が待っている。

注

1）世界に英語話者の数が増加したことに伴い、英語の発音や英文法に多様性が見られるようになった。応用言語学の分野では、そうした英語使用に関する研究分野に、World Englishes、English as a lingua franca、Global Englishes、English as an international language（EIL）がある。ここではそれぞれの特徴についての説明は省く。なぜならば、本章では、英語の多様な使用方法について関心があるというより、英語が世界に広がったことによる影響に関心があるからだ。よって、Roseほか（2020）の定義にしたがい、国際語としての英語（EIL）を採用する。

2）MEXT（2012）

3）文部科学省（2021）

4）ここでは、EMIとCLIL（Content and Language Integrated Learning, 内容言語統合型学習）を区別している。CLILの教育アプローチは、授業内容に専門科目を扱うと同時に、語学学習・教育も授業実践の目標に含む。そのため、CLIL科目の性質として受講生の語学に対するサポート・配慮が含まれる。定義上はEMIとCLILに、このような違いがある。しかし実践を確認すると、必ずしも両者の違いが明確でない場合も多いとの指摘がある。Smit and Dafaouz（2012）

5）British Council（2013）

6）Crystal（2003）

7）日本政府観光局「2018年訪日外客数（総数）」

8）同上

9）同上

10）本書では、英語を「手段」として用いることと、「道具」として捉えることを区別する。無機質な「道具」と違い、言語を文化の影響から完全に切り離すことはできないと考え、「手段」とした。

11）Rose and Galloway（2019）

12）鳥飼（2011）

13）Brand Finance（2022）

14）同上

15）British Council（2013）

16）大森（2024）

参考文献

大森愛（2024）「ポストコロナにおける対面式大学英語教育の意義の検討―コロナ禍前・中の授業評価アンケートとインタビュー調査から―」『日本大学 FD 研究』第11号、1-18。https://www.nihon-u.ac.jp/fd-center/uploads/files/20240130000001.pdf

鳥飼玖美子（2011）『国際共通語としての英語』講談社現代新書。

日本政府観光局（n.d.）「2018年訪日外客数（総数）」https://www.jnto.go.jp/statistics/data/since2003_visitor_arrivals_January_2024.pdf

文部科学省（2021）「令和元年度の大学における教育内容等の改革状況について（概要）」https://www.mext.go.jp/content/20211104-mxt_daigakuc03-000018152_1.pdf

Brand Finance (2022) Russia's soft power collapses globally following invasion, attitudes towards Ukraine soar. https://brandfinance.com/press-releases/russias-soft-power-collapses-globally-following-invasion-attitudes-towards-ukraine-soar

British Council (2013) *The English Effect*. https://www.britishcouncil.org/sites/default/files/english-effect-report-v2.pdf

Crystal, David (2003) *English as a Global Language*. 2nd ed. Cambridge: Cambridge University Press.

MEXT (2012) *Higher Education in Japan*. https://www.mext.go.jp/en/policy/education/highered/title03/detail03/__icsFiles/afieldfile/2012/06/19/1302653_1.pdf

Rose, Heath and Nicola Galloway (2019) *Global Englishes for Language Teaching*. Cambridge; New York, NY: Cambridge University Press.

Rose, Heath, Mona Syrbe, Anuchaya Montakantiwong and Natsuno Funada (2020) *Global TESOL for the 21st Century: Teaching English in a Changing World*. Bristol: Multilingual Matters.

Smit, Ute and Emma Dafouz (2012) Integrating content and language in higher education: an introduction to English-medium policies, conceptual issues and research practices across Europe. *AILA Review* 25: 1-12.

本研究の一部は JSPS 科研費 JP21K00772の助成を受けたものです。

第2章
国際高等教育の潮流と国際関係論の学び

上智大学　杉村　美紀

1.　求められる持続可能な未来に向けた「教育の変革」

教育は、歴史に学び、今を生きる人々をエンパワーメントする活力となり、未来を担う人々を育てる。国家にとっては国民統合や経済発展のための人材育成である。一方で、個人にとっては自分の生活を支え、夢や生きがい、居場所を育てるものとして意味をもつ。こうした教育の意義は、持続可能な社会の創り手を育てるという意味で、今日その重要性が再認識されている。

2021年11月にユネスコが発表した「教育の未来」の報告書では、国際社会の連帯と協力のもとに、持続可能な未来に向けた教育の重要性が強調されている[1)]。また2022年9月には、第77回国連総会の会期中に、国連事務総長主催で各国首脳等が参加する「国連教育変革サミット」が開催された。同会議は、2021年に発表された事務総長による「私たち共通のアジェンダ：グローバル社会の協力」を受けて開かれ、多様なアジェンダのなかで教育に焦点が当てられたことに大きな注目が集まった[2)]。

教育には、新たな可能性を生むために「変革」が求められている。そこでは、平和や人権の重要性を基盤にした教育に加え、「人間の安全保障」が掲げる個々人の安心・安全と持続可能性、そして多様性を重視しつつも、誰一人取り残すことのない包摂的な教育のあり方が問い直されている。新型コロナウイルス感染症の問題や、世界各地で起きている紛争や内戦、自然災害や気候変動などが多発し、先行きが不透明ななか、教育がもつ社会と個人に対する役割と責任は、その重要性を一層増している。

本章ではこうした教育がもつひとつの側面として、大学教育における「国際関係論の学び」に注目し、変革すべき教育の方向性について考える。大学教育における国際関係論の学びは、国際政治や国際関係に関する事象の調査・分析や、それを支える分析枠組みとしての理論、および分析方法の学修、さらに新たな分析モデルの開発と実に幅広く、学際的で多様な理論が取り上げられる。一方で、今日、大きく変容しつつある高等教育は、学際的かつ多角的で相対的な見方が求められる国際関係論の学びに新たな可能性を付与すると考える。

そこで本章では、英語を用いた国際関係論の授業実践を取り上げた第4～6章を読み解く前提として、国際化が進むなかで形成されつつある国際高等教育という新たな枠組みが、大学教育において「何を、誰が、いかなる手法で実現するのか」ということを考える場合に、どのような可能性と課題をもっているかという点について考察する。

以下では、はじめに大学教育における「国際関係論の学び」が、そもそもどのような機能をもっているかについて、その実践的意義と政策的意義の観点から検討する。次に、高等教育の国際化が進むなかで、大学教育の新たなあり方として登場した国の枠組みを越えて展開される国際高等教育と、その特徴について整理する。国際高等教育は、国際化によって登場し、特に第1章で紹介した英語を教授言語とする（EMI）授業が、その動きを加速させてきた。本書第6章でも取り上げているキャンパス・アジアのプログラムなど複数の国が協力してつくる国際プログラム、あるいは他国の大学との協働によりつくられる国際プログラムの実施において、何語で学ぶかという教授言語の問題とも密接に関連する。英語で学ぶことにより、国際関係論の学びが、より多角的に展開できることを視野に入れ、国際高等教育がもたらす大学教育への影響を、教育内容と教育方法の変容という観点から概観する。

2. 大学教育における「国際関係論の学び」

(1) 実践的意義

大学における国際関係論の学びには、近現代の国際政治史を礎に、国際関係を分析するための理論的基盤を習得するとともに、国際政治の主体の特性に着目した分析、あるいはイシューに着目した取り組みなど、様々な視角がある。

そもそも国際関係論を大学教育で取り上げる目的は、どこにあるのかということを考えた場合、目的それ自体にも様々な考え方があろう。

滝田ほか編は、「国際関係・地球社会を学ぶ」という観点にたち、現代世界には多国間主義に基づき解決しなければならない地球規模課題がある一方、単独主義的な国家中心主義も復活してきており、国際政治現象には相反する2つの潮流が混交しているうえに、アクターが多様化し、対応を迫られるイシューも相互に関連しつつ複雑化してきたことを指摘している[3)]。

一方、現在の国際関係論の教育研究の潮流を概観した場合、国際関係理論の探究には複数の流れが認められる。米国を中心とする定量分析や理論の構築を重視する動きと、欧州にみられるように、理論の構築とともに、国際関係論で取り扱われる事象を歴史的観点や検証を含め、文脈そのものの定義を追究しようとする動きである。これらに対して、新興国等の国際関係論は、どのような見方をとっているかというテーマも興味深い。日本の国際関係論は、地域研究や外交史に強みをもつといわれる。

こうした国際関係をめぐる様々な教育や研究のあり方を考慮すると、外交史や国際政治史、理論やモデルを用いた事象やイシューの分析など、国際関係論の学びを通じて、実際に何を習得させるのか、そのために、どのような手法で教えるのかという課題を一義的に規定することは難しい。しかしながら、様々な議論に共通するのは、国際関係論においては、多角的な見方や相対的な視点に立つ分析、ならびに、ある考えについて前提となる事実を明らかにしながら、多角的・論理的に考える批判的思考（critical thinking）を促すとともに、得られた分析結果をいかに表現し、対話するかということが重視されているという点である。衛藤らは、国際関係論は、大学を卒業後、国際関係の実務や研究に携わる際の問題解決のための基礎として、実務についてからは勉強しにくい歴史学、社会諸科学の基礎を教育すると述べ、外国語についての教育の重要性とともに、その意義を強調している[4)]。あわせて、この考え方の背景として、自由な教養主義の立場から、「遅い専門化」と訳される “late specialization” という考え方を示している[5)]。

「遅い専門化」は、最初から細かな専門を決めず、人文、社会、自然科学の各領域を幅広く網羅的に学んだ後に、専門分野を決めていくという考え方である。大学教育における学部段階のリベラルアーツ教育は、この考え方に支えられている。日本では従来、リベラルアーツ教育が「教養教育」と訳出され、「教養」という語彙が、専門に進む前の「一般教養教育」と同義に捉えられる傾向にあった。いわば、大学卒業後に即戦力となることを意識し、早い時期から特定の専門分野や技術の習得を優先した専門教育重視の動きが主流であった。しかしながら、米国のリベラルアーツ・カレッジで展開される教育は、それとは大きく異なる。分野・科目横断型のカリキュラム構成をとり、かつ教育成果としてコンピテンシーの習得を目指した教育として捉えられてきた（なお、本書では序章で示したように、コンピテンシーを社会的な課題を解決するための実践的な能力と定義する）。そこでは、現在の複合的な問題に対応するためには、特定の専門領域だけではなく、関連する領域や学際領域、さらには学融合的な領域を踏まえた柔軟な教育のあり方が求められる。

大学教育における柔軟な教育で培われる「基礎的コンピテンシーの習得」について、高城は、近年、グローバル化が進み、第4次産業革命が進行する変化の激しい国際社会の特徴を踏まえたうえで、「グローバルな視野を持ち前例のない課題に対峙し解決策や新たな価値を生み出すことができる資質・能力が必要とされる。それに伴い、幅広い知識と教養を習得し既存の枠組みに縛られない学際的な視点や発想を育むリベラルアーツ教育がグローバル人材または21世紀型市民の育成に欠かせないことが世界的に認識されている[6)]」として、その重要性を指摘している。

近年、日本の大学教育では、学修による習得目標をディプロマ・ポリシーで明示することとなっている。そこで掲げられる目標を学業と結びつけるにあたっては、学生自らが学習活動に対して、どのように効果的に行動できるかという自己効力感（self-efficacy）と、キャリア選択に関する自己効力感の獲得が注目されている[7)]。こうした視点を、いかに教育活動に反映することができるかということは、大学教育の重要な課題である。

日本では2012年8月に高等教育における中央教育審議会答申がまとめられ、学生が生涯学び続ける力を修得できるようにするには、学士課程教育の質的転換を図り、従来のような知識の伝達・注入を中心とした授業から、「学生が主体的に問題を発見し解を見いだしていく能動的学修（アクティブ・ラーニング）への転換が必要である[8)]。」とした。そして、「個々の学生の認知的、倫理的、社会的能力を引き出し、それを鍛えるディスカッションやディベートといった双方向の講義、演習、実験、実習や実技等を中心とした授業への転換によって、学生の主体的な学修を促す質の高い学士課程教育を進めることが求められる[9)]。」とした。

また、こうした基礎的コンピテンシー重視の動きは国際的にも認められる。経済協力開発機構（OECD）では、2015年から開始された「教育とスキルの未来2030」プロジェクトにおいて「2030年に向けた学習枠組み」を提示し、急激に変化する世界に対峙するコンピテンシーとして「新たな価値を創造する力」、「対立やジレンマを克服する力」、「責任ある行動をとる力」を取り上げている[10)]。

こうした初等中等教育での動きと並行して、高等教育では2019年より創造性（creativity）と批判的思考に関する学修成果の可視化プロジェクトが実施された[11)]。また実践例として、たとえば、ベルダールほかは、批判的思考を軸にしたある学部教育の実践研究について触れ、授業実践の事前・事後の学生の学修成果に関する調査研究に基づき、批判的思考は政治学の教育にとって重要な望ましい成果であると述べている[12)]。そして、教育者側には、単に受動的に習得される授業をするのではなく、批判的思考スキルを意識的に開発するコースを設計することで、批判的思考の評価と自己効力感を向上させることの重要性を挙げている[13)]。このように、国際関係論の学びは、取り上げられる内容や知識の習得に留まらず、学生の主体的な学びと批判的思考を促し、今日求められているコンピテンシーの育成に貢献するものといえる。

(2) 政策的意義

知識の量を問う教育のあり方からコンピテンシーを重視した教育のあり方への移行は、国際社会において顕著である。2015年からの持続可能な開発目標（Sustainable Development Goals: SDGs）の目標4「教育」においても、グローバル・シティズンの育成ならびに持続可能な開発のための教育（Education for Sustainable Development: ESD）が取り上げられ、主体的に考え行動する人材育成の重要性が確認された。SDGsの目標4では、包摂性や公正を重視した質の高い教育の推進が掲げられており、そのなかのターゲット4.7では、全ての学習者が、持続可能な開発を促進するために必要な知識及び技能を習得できるようにすることが挙げられている。

SDGsで取り上げられているグローバル・シチズンシップをめぐる「地球市民教育（Global Citizenship Education: GCED）」について、日本の文部科学省は、「GCEDは、学習者が国際的な諸問題に向き合い、その解決に向けて地域レベル及び国際レベルで積極的な役割を担うようにすることで、平和的で、寛容な、包括的、安全で持続可能な世界の構築に率先して貢献するようになることを目指すものである[14]。」と述べている。そして、そのための具体的取り組みとして、表1のとおり4つの方向性を示した。

表1　地球市民教育（Global Citizenship Education）の目標

1) 学習者が現実の問題を批判的に分析し、創造的、革新的な解決策を考えることを促す
2) 主流の前提、世界観、勢力関係を再考し、制度的に十分に意見が反映されず、軽んじられている人々、グループについて考慮するよう支援する
3) 必要な変化を起こすための個人的、集団的な行動への従事に焦点を当てる
4) 学習環境にいない人々、コミュニティに属する人々、より広い社会の人々を含む多様なステークホルダーを巻き込む

（出所）文部科学省国際統括官付、2015

国際社会においては、2015年5月に韓国で開催されたユネスコの世界教育フォーラム（World Education Forum 2015）において、「仁川（インチョン）宣言」が採択され、「2030年に向けた教育：包括的かつ公平な質の高い教育及び万人のための生涯学習に向けて」として、国際社会共通の新たなビジョンが確認された。これは、1990年にタイのジョムティエンで開催された「万人のための世界教育会議」で取り上げられた「万人のための教育（Education for All: EFA）」という目標を出発点とする。EFAは、その後、2000年にセネガルのダカールで開かれた「世界教育フォーラム」、ならびに同年に発表されたミレニアム開発目標（Millennium Development Goals: MDGs）において、その達成が引き続き困難な状況にあることが確認された。そのため、EFAはSDGsの目標設定への礎となった。

一方、SDGsでは、GCEDとともにESDが取り上げられている。ESDは2002年の「持続可能な開発に関する世界首脳会議（ヨハネスブルグ・サミット）」において、その重要性が確認された。その後、同2002年の第57回国連総会で国際枠組み「国連持続可能な開発のための教育の10年（DESD）」（2005-2014年）が採択され、2005年よりDESDが始動した。また2013年には、第37回ユネスコ総会で採択された「ESDに関するグローバル・アクション・プログラム（GAP）」（2015-2019年）の実施が決まり、DESDの後継事業としてユネスコを主導機関として国際的に取り組まれてきた。前述のように、ESDはSDGsのターゲット4.7に位置づけられているが、一方で、ESDはSDGsの17全ての目標の実現に寄与するものであることも重視されている[15]。持続可能な社会の創り手を育成するESDは、SDGs達成に不可欠である質の高い教育の実現に貢献するものとされており、その重要性は2019年の第40回ユネスコ総会、ならびに同年の第74回国連総会で承認されたESDの新たな国際枠組み「持続可能な開発のための教育：SDGs実現に向けて（Education for Sustainable Development: Towards achieving the SDGs 以下、ESD for 2030）」でも確認されている。ESD for 2030を実施するためのロードマップでは、5つの優先行動分野（①政策の推進、②学習環境の変革、③教育者の能力構築、④ユースのエンパワーメントと動員、⑤地域レベルでの活動の促進）と6つの重点実施領域が挙げられている。さらに2021年にはユネスコによるESD世界会議が開催され、ベルリン宣言が発表された[16]。

日本においては、2016年12月に発表された中央教育審議会の答申において①「何を理解しているか、何ができるか（生きて働く「知識・技能」の習得）」、②「理解していること・できることをどう使うか（未知の状況にも対応できる「思考力・判断力・表現力等」の育成）」、③「どのように社会・世界と関わり、よりよい人生を送るか（学びを人生や社会に生かそうとする「学びに向かう力・人間性等」の涵養）」を軸とする資質・能力の3つの柱に基づく教育課程と、それを実現する「主体的・対話的で深い学び」が提言された[17]。それを受け、2017年3月に公示された幼稚園教育要領、小・中学校学習指導要領および2018年3月に公示された高等学校学習指導要領の前文と総則において、「持続可能な社会の創り手」の育成が掲げられた。これにより、従来、ユネスコ・スクールとして認定された学校が取り組んでいたESDを、すべての教育機関が実施することとなった。

表2　持続可能な社会づくりのための課題解決に必要な「7つの能力・態度」

①　批判的に考える力	⑤　他者と協力する力
②　未来像を予測して計画を立てる力	⑥　つながりを尊重する態度
③　多面的・総合的に考える力	⑦　進んで参加する態度
④　コミュニケーションを行う力	

（出所）文部科学省、n.d.a、「持続可能な開発のための教育」ウェブサイトより筆者抜粋

ESDでは表2のように持続可能な社会づくりのための課題解決に必要な「7つの能力・態度」が掲げられている。

さらに、『ESD推進の手引き』では、表3のとおり実践にあたって重視すべき点が記されている[18)]。①から③はESDの目標、④から⑦はESDの効果的推進のための要件として区分できる。

表3　ESD実践にあたり重視すべき点

①	学習者を中心とした主体的な学びの機会を充実し、体験や活動を取り入れるだけでなく、学習過程のどの部分に、どのように位置づけたら効果的かを十分に吟味し協同的な学びを展開すること
②	知識・理解に留まらず、学びを活かし、様々な問題を「自分の問題」として行動する「実践する力の育成」を目指すこと
③	「持続可能な社会の構築」という観点を意識することにより、児童・生徒の価値観の変容を引き出すこと
④	ESDの実施を学校経営方針に位置づけ、校内組織を整備して学校全体として組織的に取り組むホールスクールアプローチをとること
⑤	ESDを適切に指導計画に位置づけること
⑥	地域や大学・企業との連携の視点を取り入れること
⑦	児童・生徒による発信と学習成果の振り返りを適切に行うこと

（出所）文部科学省国際統括官付・日本ユネスコ国内委員会、2021

ESDは従来、初等・中等教育、特に「ユネスコ・スクール」といわれるユネスコが提唱する教育理念を重視する学校を中心に展開されており、その内容も環境教育に重点を置いたものが多い。また、大学等の高等教育段階ではESDの実

践等が取り上げられることは少なかった。しかしながら、2012年8月に高等教育に関する中央教育審議会答申で指摘されたように、学生の主体的な学修を促す質の高い学士課程教育が求められるようになってきた[19)]。今後は、コンピテンシーを重視した人材育成の重要性とともに、ESDが本来視野に含めている多文化共生や平和構築など、環境問題や気候変動以外のテーマも含めた展開が求められている。SDGsの目標達成に向け多角的で相対的に物事を分析し、問題に対応する人材が求められるなか、高等教育においてもESDが重視されるようになっている。この点は、中央教育審議会（2023）の答申に基づき、2023年6月に閣議決定された『第4期教育振興基本計画』において、5つの基本的な方針のひとつに「グローバル化する社会の持続的な発展に向けて学び続ける人材の育成」が掲げられ、そのなかで「主体的・対話的で深い学び、アクティブ・ラーニング、大学教育の質保証」ならびに「持続可能な社会の創り手の育成に貢献するESD（持続可能な開発のための教育）の推進」の項目が含められたこととも関連する[20)]。

その意味では、国際関係論で取り上げる国際政治の歴史や現代的イシューの調査分析、理論の批判的検討や新たな理論モデルの構築、さらにコンピテンシ　を習得するためのプロセスは、GCEDとESDに貢献することが期待される。逆に、ESDにおける実践は、国際関係論の学びにおいて、「何を、誰が、いかなる手法で実現するのか」を考えるうえで重要な観点となる。本書の以下第4～6章で取り上げるEMIを通じた学びの実践は、こうした政策的意義においても、共振性・親和性をもつものである。

3. トランスナショナルな国際高等教育の枠組み

(1) 越境する高等教育の新たな挑戦

前項で述べたように、大学教育においては、様々な学問分野において多角的で相対的な学びが求められている。このことに加え、今日では、大学教育のあり方そのものが、国際化やグローバル化の影響を受け、従来からの大学教育とは異なる形態になり、教育対象や内容、教育の枠組みの多様化という点で変化している。そして、このことが、学生の主体的な学びを促す質の高い教育を促している。国際関係論においては、その取り扱う内容が国際化やグローバル化と親和性があることもあり、その傾向は一層顕著である。

これまで教育は、近代国民国家の成立発展過程において、国民形成による国家統合と経済発展のための人材育成という役割を担ってきた。基礎教育の根幹を成す「読み・書き・算数」は、国民の間の共通言語や価値観、知識の獲得を促し、国民としてのアイデンティティや社会統合を進めるための必要不可欠な施策である義務制と無償制が相互補完的に導入されてきた。文化的背景の異なる子どもたちが国民教育政策の枠組みのもとで教育を受ける機会を保障するには、どうしたらよいかという課題が、国民国家が中心的役割を果たす国民教育の中心的課題とされてきた。これに対して、国際化やグローバル化が進み、人の移動が活発化するなかで、教育の対象は多様化している。

1990年代半ば以降に進んだ、こうした教育の国際化は、いずれの国においても、高等教育において顕著にみられるようになった。（他方で、初等・中等教育は、義務制と無償制を柱とする公教育制度のもとで国民教育政策を堅持している。）もともと高等教育は社会のエリート層に限られたものであった。しかし、人々の生活向上に伴い、上昇志向と教育要求が高まり大衆化が進む。その流れのなかで、大学教育の機会拡充が求められるようになった。そこで、財源が限られる各国政府は、大学教育拡充のために民営化を許し、民間セクターによる大学の開設・運営と人材の確保・育成を促すようになった。

この過程で導入されたのが、EMIプログラムである。その結果として、国境を越えて展開されるトランスナショナルな高等教育が登場するようになった。特に英語圏の国はもとより、特に非英語圏の国で導入されたことで、EMI式の大学教育への関心が高まった。たとえば、頭脳流出問題が長年の懸案となってきた国では、その対策の一環として、高等教育の拡充が促された。高等教育の国際化に対応するEMIの導入は、自国の人材だけでなく、海外からの留学生を惹きつけ、2つの学位が同時に取得できるダブル・ディグリーや、複数の大学から同時に指導を受けて取得するジョイント・ディグリーなどの共同学位課程の導入、大学の海外分校の展開などを急速に進めた。

同時に、教育の国際化は、各国間あるいは各教育機関による、国際教育市場での人材獲得競争を加速させている。こうした人材獲得競争は、各国政府の間に、自国を国際的な人の移動のハブとして位置づけ、国際交流の拠点とするという戦略を生んでいる。そこには、惹きつけるべき人材の違いによって、学生移動、労働者移動、高度人材移動などの違いはあるが、いずれも人材育成、人材獲得と知識基盤型社会の形成に大きく寄与している。

一方で、国際プログラムの創出は、高等教育に多様で柔軟な枠組みを生んでいる。以前からあった大学相互の協定に基づく交換留学制度に加え、政府間の合意に基づき展開される大学教育、あるいは地域機構が協働で地域人材の育成を目指す大学教育は、各国の教育政策との調整を孕みながらも、相互の価値観や考え方の差異を認識し、問題解決や知の創造に協力するトランスナショナルな「国際高等教育」を展開するようになっている。

(2) 国際高等教育の特徴

国際高等教育は2つの特徴をもつ。第一に、国際高等教育は、国際主義を具現化した国際教育の形態であるという点である。国際主義とは、独立した各国家の主権を尊重しながら、協調して世界の平和と秩序、共栄を実現しようとする考え方である。国際主義の系譜について入江昭は、「国境を越えた協調や交流を通して、ある種の世界秩序を作り出そうとする主張乃至運動、あるいはそういった考えを具現した組織やつながりを意味するものと定義してよかろう。もちろん国と国を結びつけるということは、国の存在を前提としてはいるが、ただ現実の状態を受け容れるだけではなく、国家という枠組を越えた国際秩序を目指す点に国際主義の特徴がある[21]」としている。この定義は、第一次世界大戦後に活発になった「文化的国際主義」と軌を一にする。「法的国際主義」や「経済的国際主義」と比して、現代の世界において国際関係を多層的に理解しようとするうえで、きわめて重要な役割を果たしている。そして文化的国際主義の例として、留学生の交換、学術シンポジウム、音楽家の海外演奏、環境保護についての国際協力、外国への日本語講師の派遣や海外からの日本への英語教師の招聘等、高等教育を含む学術文化交流の事例を挙げている[22]。

国際高等教育の第二の特徴は、国際関係における公共財として位置づけられるということである。国際公共財の概念定義については見解が分かれる。ここでは多国間の協調・合意による多元主義ないし機能主義の立場に立ち、現在の国際社会における相互依存の進展に伴って各国間の協力が必然ないし可能となっているという見方をとる。入江は、国際主義の特徴は「パワーによって定義された国際秩序とは別の国際社会を想定しているところにある。17世紀以来、軍事力やバランス・オブ・パワー等が国と国の関係を支配する重要な要因であったことは認めるにしても、それ以外のつながりもあるのであり、また国という単位から離れた関係も発達してきた[23]。」と述べている。国際高等教育においては、教育・研究・実践活動のネットワークと人々のつながりをもとに、相互の価値観や考え方の差異を認識しあい、あるいは共通の問題を把握し、新たな知を創造する。こうした国際高等教育は、高等教育の国際化の流れのなかで展開されている人材獲得競争やランキング競争などの序列を求めての戦略とは本質的に異なる。単に競合のためだけの国際化は、人の移動を促すことはあっても、そこに交流の意義が見出されなければ、高等教育が本来もつ知の創造は生まれない。教育文化交流により様々なネットワークが重なることにより新たな知を生み出すプラットフォームこそ、文化基盤を支える教育が本来担うべき役割である[24]。

以上述べた越境する国際高等教育の枠組みは、前節で述べた「国際関係論の学び」の政策的意義を実現するものといえよう。すなわち、持続可能な未来社会に向けたSDGsや、その実現のためのESDは、単独の国や機関が取り組むのではなく、協働や協力があって初めて意義をもつ。公共の利益の観点から地球規模課題も取り上げられるため、国際高等教育が国境を越えて育む学びの場は、国益と国際益がともに入り混じることになる。それは、国際関係の実態を理解するうえで重要な機能の一つになるだろう。

4. 「国際高等教育」がもたらす「新たな学び」への質的転換

(1) コンピテンシーを基盤とする学習者主体の学び

国際高等教育は、文化的国際主義に基づき、かつ国際関係における公共財として、各国間の協力のもとにパワー・バランスによる関係を越えた形で取り組まれる。こうした国際高等教育の特徴は、国際関係論が取り上げる事象について、異なる文化的背景をもつ多様な人々が国境を越えて学際的に学ぶことを可能にし、その結果、批判的思考や創造性、多角的な見方を育てることになる。

カラパトソは、高等教育においても、学習者主体の活動を取り入れた学習活動を展開することで、持続可能な発展についての知識を獲得するだけではなく、複雑な現実社会の問題に向きあい、分析し、さらに具体的な行動に移す教育が可能になることを指摘している[25]。あわせて、その教育内容を、学融合的な教育プロジェクト（trans-disciplinary teaching project）として展開することで、多様な見方の習得が可能になることを示唆している[26]。

学習者主体の教育と学際的な教育プログラムは、ユネスコが提唱する従来の知識の量的獲得を重視した「伝統的な学び」からの転換とも連動している。「非伝統的な学び」とは、教育にアクセスするためにテクノロジーなどを利用して様々な機会を提供する学びを含む。より本質的な問題は、学習者が、従来の知識偏重型の教育ではなく、自立した学習者としてのスキル、コンピテンシーをいかに身につけるかという点にある。前述のとおり、グローバル・シティズンシップ（GCED）では、学習者が国際的な諸問題に向きあい、その解決に向けて地域レベルや国際レベルで積極的な役割を担うようにすることに焦点が当てられている。

もともと、知識を習得し理解を得て終わりとするのではなく、それらを実践につなげる学習については、開発教育の分野で重視されてきた。開発教育は1960年代に欧米で始まった海外協力活動のなかから生まれたもので、「共に生きることのできる公正で持続可能な地球社会づくりに参加するための教育」である[27]。「私たち一人ひとりが、世界で起きている開発や環境、人権や平和などの様々な問題をよく知り、自分の問題として考え、その解決に向けて行動していくことが求められ、（中略）各学習者の学習プロセスで『知る』『考える』『変わり・行動する』ことを生み出す学習活動」と定義されている[28]。こうした考え方に加え、グローバル化が加速し、ヒトの国際移動が活発化することで、移民や難民、外国人労働者など、自国民以外の人々を受け入れ、多文化共生実現に向けた対応が求められるようになった。文化的多様性を理解し、自文化の枠を超え柔軟に対応することのできる異文化間能力に対する資質や能力の育成に対する関心が急速に高まった。たとえばディアドーフの研究では、米国を中心に大学の国際化や国際教育の専門家を対象とした調査を通じて大学が育てるべき学生の異文化間能力を明らかにしている[29]。

一方、OECDでは、前述のとおり、2015年からOECD Future of Education and Skills 2030プロジェクト（通称：Education 2030プロジェクト）を進め、「2030年に望まれる社会のビジョン」と、「そのビジョンを実現する主体として求められる生徒像とコンピテンシー（資質・能力）」や、OECD諸国において、どのような生徒像やコンピテンシーがカリキュラムに盛り込まれているのかというカリキュラムの国際比較分析を実施し、「ラーニング・コンパス（学びの羅針盤）」を提示した。これはどのようなコンピテンシーが評価されるべきか、あるいは評価できるのかではなく、生徒が2030年に活躍するために必要なコンピテンシーの種類に関する幅広いビジョンを提示する「学習の枠組み」である。そこでは、生徒は、「変革を起こすために目標を設定し、振り返りながら責任ある行動をとる能力」であるエージェンシー（agency）を発揮することが中核に置かれている[30)]。

学びの基盤となるのは、知識、スキル、態度および価値であり、そこには、読み書き能力やニューメラシー（数学活用能力・数学的リテラシー）に限らず、データ・リテラシー（データ活用・解析能力）やデジタル・リテラシー（デジタル機器・機能活用能力）、心身の健康管理、それから社会情動的スキルも含まれる。さらに、「Education 2030プロジェクト」では、「変革を起こす力のあるコンピテンシー」が特定された。これらは、「新たな価値を創造する力」、「対立やジレンマを克服する力」、「責任ある行動をとる力」である[31)]。

こうしたコンピテンシーを核とした学びの質的転換は、様々な教育実践で明らかにされている資質・能力とともに具体的なプログラムのなかで検討されている。たとえば上杉は紛争解決と平和構築に必要な能力として、4つの基礎能力、すなわち「分析力」、「和解力」、「人間力」、「変革力」を挙げている[32)]。またさらにそれらをつないだ仕組みとして「実践能力」が重要であることを指摘している。従来の平和学習では、戦争の悲惨さや命の大切さを強調し「想像力」や「共感力」は育ててきたが、そこにとどまってしまっていた。それに対して、深まった「理解」を何のために使うのかという目的意識をはっきりとさせ、自分に何ができるのかを考えるという「実践能力」の必要性を重視している。そして「実践能力」（＝本書のコンピテンシー）を育むものとしてワークショップの導入を提案している[33)]。

また、2012年の中央教育審議会答申とそこでの学びの質的転換や汎用的能力の育成は、アクティブ・ラーニングを重視する方向を生んでいる。これに応えるように、大学教育においても小田編のように、多様な授業におけるアクティブ・ラーニングの事例を共有し、そこから新たな授業実践を生み出すような試みも行われている[34)]。学習者中心の教育と汎用的能力養成の手段として、「主体的で対話的な深い学び」は、こうした一連の流れのなかで出されたものである。

一方、関田・山崎は、アクティブ・ラーニングを通じて「主体的で対話的な深い学び」が実現されるとするものの、それをいかに促し学習者と対峙するかという教師のあり方についても留意する必要があることを指摘した[35)]。これは、ワイマーによる「学習者中心の教育（Learner-centered teaching）」を促すためには、学習者自身が学ぶための取り組みを支援する教授法に一層の努力が傾注されるべきであるという考えを受けてのものである[36)]。いずれの場合も、教師の側が、どのようにアクティブ・ラーニングに取り組むべきかについて留意すべきだと指摘している。

高等教育の国際化と新たな学びについての議論は、今日ではさらに「国際共修」という観点からも議論されるようになっている。末松ほか編は、「言語や文化背景の異なる学習者同士が、意味ある交流（meaningful interaction）を通して多様な考え方を共有・理解・受容し、自己を再解釈する中で新しい価値観を創造する学習体験を指す。単に同じ教室や活動場所で時間を共にするのではなく、意見交換、グループワーク、プロジェクトなどの協働作業を通して、学習者が互いの物事へのアプローチ（考察・行動力）やコミュニケーション・スタイルから学びあう。この知的交流の意義を振り返るメタ認知活動を、視野の拡大、異文化理解力の向上、批判的思考力の習得、自己効力感の増大などの自己成長につなげる正課内外活動を国際共修とする[37)]」と定義している。

(2) 非伝統的な学びと学習環境の変容

こうしたコンピテンシーを核とした新たな学びへの質的転換は、今後、教育形態の多様化という点でも重要な観点となる。具体的にはオンラインやバーチャルによる学習環境を利用した学びである。ユネスコは、従来、特に開発途上国に焦点を当て、包摂とより公正でより持続可能な開発を構築するための国家的努力を支援してきた。非伝統的な教育システムは、学習者が継続的かつ多様な学習機会と学習プログラムへのアクセスを促す[38)]。このような機会やプログラムには、スキルの学び直しやスキルアップ、適応のための学習プログラムが含まれる[39)]。

たとえば、2012年より米国で始まったオンラインによる教育サービスMassive Open Online Courses（MOOCs）はその一つである。インターネットを通じて海外の大学の授業を受けることができる新たな学習環境を無償で提供する大規模プラットフォームであり、多くの多様な学びの機会を提供する。他方、MOOCsが学習者による一方向的受講を基本とするのに対し、授業そのものを双方向で行う取り組みに国際共同学修（Collaborative Online International Learning: COIL）がある。COILは、2000年代にニューヨーク州立大学が開発した教育手法で、オンラインで海外の学生たちをつなぎ、協働してプロジェクトに取り組むのが特徴である。日本では2014年に関西大学が取り組みを開始し、2018年には文部科学省による国際化推進のための「大学の世界展開力強化事業」として日米間を中心とするCOILプログラムの開発が進められ、採択校を中心に様々な大学がCOILに取り組み始めている。

こうしたオンラインやバーチャル教育による非伝統的学びの意義は大きい。第1に、様々な学習機会が学生に学びの機会を提供する。この動きは、新型コロナウイルス感染症の問題が起きた後の対処法として導入されたのではなく、感染症の問題が起きる前からすでに取り上げられていたが、結果として感染症の問題がそうした動きを加速させた。通常の対面による授業ができなくなり、留学生交流も中断せざるを得ないなかで、オンラインによる共同学習や留学、海外研修やインターンシップなどがにわかに注目されるようになった。現地での実際の異文化体験や学びができないという点はあるものの、逆に学習者にとってみれば少ない経済的負担で海外の人々と瞬時につながり、意見交換ができる点では大きな利点もあることがわかってきた。

第2の意義として、これまでになかった新たな教育機会を創出している事例もある。たとえば国際プログラムにおける共同指導や、国際共同研究の推進、共同授業の実施は、多様な学びに有効な手段となる。たとえば、資格取得を含む履修システムの関係で留学や海外との国際交流に時間的にも物理的にも参加しにくかった看護学科の学生が、オンライン交流になったことで、国際保健の授業を自大学のほか、米国とモンゴル、国内の大学の四大学をつないで行うことで、様々な参加の機会を得たという上智大学の例がある[40)]。また、コロナ禍の前から開始されている難民キャンプの人々にオンラインによるプログラムを提供する取り組み[41)]は、人々の将来のキャリアにつながる学びを支援する有効な手段となっている。このことは、コロナ禍という特殊な状況下だけではなく、今後のポスト・コロナの時代にも活用できる教育実践である。

第3の意義として、オンライン交流は必然的に多様な見方や考え方を学び、相対的な視点から物事を考える新たな学びを提供する。オンライン交流だからこそ実現できる意見交換や学びの機会は、教室を国内外の様々な教室とつなげることで拡がる可能性である。特に国際関係論のように世界の諸現象・諸問題を対象にする場合には、学際的な学びが必要不可欠であると同時に、同じ事象でも、それぞれの社会やコミュニティが置かれた文脈において、解釈や見方がどのように異なるかということを認識し、考えるということが必要不可欠である。その際に、多様な学びの機会を準備するという意味では重要な手段となり得る。

このように、コロナ禍で蓄積され始めたオンライン学習の実践経験は、今後、高等教育において、ハイブリッド型の教育方法なども含めながら新たな可能性を示す。一方、バーチャル教育の実施は、オンライン環境や接続のためのIT機器の有無に左右され、この点で環境が整備できる学習者と、整備が難しい学習者の間での格差を生んでいるという現実問題があることも留意する必要があろう。

以上述べた国際高等教育による学び、すなわち学生の主体的な学びと批判的思考を促すトランスナショナルな教育の潮流は、国際関係論に新しい学びのあり方の検討を促す。今日求められている21世紀型コンピテンシーの育成は、本書で提案する新しい国際関係論の学びを通じて可能になる。本章で取り上げた国際高等教育で議論されてきた「学びの変化」は、国際関係論の領域においても求められている。そして、21世紀型コンピテンシーは、外交官やビジネスパーソンなど国際関係の現場で直接活動する人々だけではなく、国内における多文化共生問題に取り組む場合などを含め、交渉や意思決定、判断、分析、リーダーシップなどが求められる様々な場面において必要とされる。批判的思考や創造性、コミュニケーションといった21世紀型コンピテンシーの育成を国際関係論の学びからも可能としていかなくてはならない。

5. 国際高等教育による教育の変革と学習者主体の学び

本章では、次章以降において大学教育における国際関係論の学びを検討するにあたり、高等教育の世界で起きている質的変容を、国際高等教育という領域に焦点をあて概観した。「誰が、何を、いかなる手法で実現するのか」という点から、国際高等教育が、新しい国際関係の学びを考えるうえで、どのような示唆に富むのかについて論じた。

大学教育においては、国際化の進展とともに、国際高等教育という新たな教授学習のモデルが登場した。それは伝統的な国家が中心の教育とは異なり、国家の枠組みを越えて連携・協力のもとに運営される教育モデルである。国際高等教育の展開に伴い、大学教育においては、学際的な教育内容を、学習者主体の柔軟な教育方法により行う非伝統的な学びが導入可能となった。その結果、批判的思考や多角的・相対的なコンピテンシーの獲得を目指す「新たな学び」へと質的転換が起こっている。また教育におけるトランスナショナルな国際連携の進展により、多国間枠組みが展開されるともに、単位互換や教育内容の相互認証などの点で国際通用性がそれを後押ししている。これにより、教育においては、SDGsのターゲット4.7が示すように、今日、多様性をどのように受け入れるか、その一方で包摂性をどう考えるかが大きなテーマになっている。

本章で議論してきたESDにおいては、目指すべき「持続可能な社会」の構成概念として、1) 多様性、2) 相互性、3) 有限性、4) 公平性、5) 連携性、6) 責任性、が挙げられている[42)]。これらが国際高等教育においてどのように担保されるかが問題となろう。今後は、国際高等教育がもつ制約を踏まえたうえで、具体的な国際関係論の教育実践と、そこで学んだ学生たちの学びの過程や学修成果の検証が求められる。とりわけ、EMI授業を導入したことで可能となる学生の文化的多様性の高まりが、学生たちのものの見方や考え方に、どの程度の変化をもたらしたのかについて、検証していく必要があるだろう。

国際関係論の学びが特に重視されるのは、国際関係論が扱う対象そのものが、現代の国際政治や外交、国際交流の主体やイシューであり、それらが複合的な課題として批判的分析やそのツールとしての理論枠組みの構築に期待が寄せられるからである。国際関係論の学びについて、教育活動をどの場所で、誰を対象に何をどのように実現するのかという問いは、その実践を問うことそれ自体が批判的思考を促す活動となっている。それは国際関係論の学びのあり方が学際的であるからこそ可能となる特性である。

国際高等教育による学びは、国際関係論で問題になるナショナリズムの対立や理念や規範の解釈をめぐる差異などを考えるうえでも示唆深い。たとえば、政教分離の原則について、宗教を土台に建国された国々と完全に世俗化した国々の異なる立場を肌で感じることができるだろう。人権を議論する場合にも、個人の権利を前提とする社会と個人の権利ではなく共同体の権利を重視する社会との潜在的な緊張関係も体得することができるかもしれない。国境を越えたトランスナショナルな教育の枠組みは、それぞれの国がもつ教育政策の違いにより調整が必要な場合もある。そうした実践上の難しさはあるものの、高等教育の世界潮流といえる国際高等教育の展開は、国家単位の教育では難しい共同教育による知の再構築と越境知の創出という新たな学びの可能性をもち、実践的にも政策的にも意義深い。知の再構築と越境知の創出は、いずれも、学際的でかつ多角的で相対的な見方が求められる国際関係論の学びに新たな教育環境と可能性を付与するものと考える。

注

1）International Commission of Futures of Education（2021）
2）The UN Secretary-General（2021）
3）滝田ほか編（2015）
4）衛藤ほか（1989）
5）同上
6）高城（2020）、p. 29
7）渡辺（2018）
8）中央教育審議会（2012）、p. 9
9）同上、p. 9
10）文部科学省（n.d.b）

11）OECD-CERI Projects on Evaluation of Learning Outcomes in Higher Education. 12か国22大学がプロジェクトに参加。日本からは国際基督教大学と上智大学が参加している。
12）Berdahl, L, et al.（2020）
13）同上
14）文部科学省国際統括官付（2015）
15）17の持続可能な開発目標（SDGs）については、次を参照。国際連合広報センター『持続可能な開発目標』https://www.unic.or.jp/activities/economic_social_development/sustainable_development/sustainable_development_goals/
16）「ESD for 2030」の立ち上げの国際会議は、2020年6月にドイツ・ベルリンで開催される予定であったが、新型コロナウイルスのパンデミックで延期となり、2021年5月にオンラインにより、ユネスコが主導し、ドイツ政府が協力する形で開催された。
17）中央教育審議会（2016）
18）文部科学省国際統括官付・日本ユネスコ国内委員会（2021）
19）中央教育審議会（2012）
20）文部科学省（2023）
21）入江（1996）、p. 147
22）同上
23）同上、p.153
24）杉村（2013）
25）Carrapatoso（2021）
26）同上
27）開発教育協会（n.d.）
28）同上
29）Deardorff（2006）
30）OECD（2019a）; OECD（2019c）
31）OECD（2019b）
32）上杉（2010）
33）同上
34）小田編（2016）
35）ワイマー（2017）
36）同上
37）末松ほか編（2019）、p. iii
38）UNESCO（n.d.）
39）同上
40）たとえば、上智大学総合人間科学部看護学科吉野八重教授の国際保健の授業実践例によれば、米国のポートランド大学、モンゴルのドルノゴビ医科大学、静岡県立大学および上智大学をつないだ国際保健の授業では、通常のカリキュラムでは留学に出にくいそれぞれの大学の看護学科の学生が事前学習を含めて意見交換を行っている。

41）Jesuit Worldwide Learning（JWL）の取り組みは、2010年から世界のイエズス会大学で趣旨に賛同している大学が同プログラムの運営に取り組んでいる。教育理念は“Learning Together to Transform the World“であり、難民キャンプなどにいる教育機会に恵まれない人々への教育プログラムの展開や支援を行っている。現在、17カ国40の学習拠点で実施されており、年間約4000名の学習者が学んでいる。https://www.jwl.org/en/what-we-do

42）文部科学省国際統括官付（2015）、中央教育審議会（2023）

参考文献

入江昭（1996）「国際主義の系譜」『比較法学』29巻2号、145-154。

上杉勇司（2010）「序論：平和をつくる4つの能力」上杉勇司・小林綾子・仲本千津編著『ワークショップで学ぶ紛争解決と平和構築』明石書店。

衛藤瀋吉・渡辺昭夫・公文俊平・平野健一郎（1989）『国際関係論　第二版』東京大学出版会。

小田隆治編（2016）『大学におけるアクティブ・ラーニングの現在―学生主体型授業実践集』ナカニシヤ出版。

開発教育協会（n.d.）「開発教育ってなんだろう？その1」https://www.dear.or.jp/org/2071/

白井俊（2020）『OECD Education 2030プロジェクトが描く教育の未来：エージェンシー、資質・能力とカリキュラム』ミネルヴァ書房。

末松和子・秋庭裕子・米澤由香子編（2019）『国際共修―文化的多様性を生かした授業実践へのアプローチ』東信堂。

杉村美紀（2013）「東アジアにおける留学生交流と地域統合；教育連携のネットワーク化と『国際高等教育』の可能性」黒田一雄編『アジアの高等教育ガバナンス』勁草書房。

高城宏行（2020）「グローバル人材の育成におけるリベラルアーツ教育の重要性と可能性」『玉川大学リベラルアーツ学部研究紀要』第13号、29-36。

滝田賢治・大芝亮・都留康子編（2015）『国際関係学：地球社会を理解するために』有信堂。

中央教育審議会（2012）「新たな未来を築くための大学教育の質的転換に向けて～生涯学び続け、主体的に考える力を育成する大学へ～（答申）」平成24年8月28日 https://www.mext.go.jp/component/b_menu/shingi/toushin/__icsFiles/afieldfile/2012/10/04/1325048_1.pdf

中央教育審議会（2016）「幼稚園、小学校、中学校、高等学校及び特別支援学校の学習

指導要領等の改善及び必要な方策等について（答申）」（中教審第197号）平成28年12月21日 https://www.mext.go.jp/b_menu/shingi/chukyo/chukyo0/toushin/__icsFiles/afieldfile/2017/01/10/1380902_0.pdf

中央教育審議会（2023）「次期教育振興基本計画について（答申）」令和5年3月8日 https://www.mext.go.jp/content/20230308-mxt_soseisk02-000028073_1.pdf

文部科学省（2023）「教育振興基本計画」令和5年6月16日閣議決定 https://www.mext.go.jp/content/20230615-mxt_soseisk02-100000597_01.pdf

文部科学省（n.d.a）「持続可能な開発のための教育」https://www.mext.go.jp/unesco/004/1339970.htm

文部科学省（n.d.b）「OECD Education 2030 プロジェクトについて（仮訳）」https://www.oecd.org/education/2030/OECD-Education-2030-Position-Paper_Japanese.pdf

文部科学省国際統括官付（2015）「GCED: Global Citizenship Education（地球市民教育）」について」日本ユネスコ国内委員会　自然科学（第126回）及び人文・社会科学（第115回）合同小委員会配付資料（平成27年4月8日）https://www.mext.go.jp/unesco/002/006/002/003/shiryo/attach/1356893.htm

文部科学省国際統括官付・日本ユネスコ国内委員会（2021）『持続可能な開発のための教育（ESD）推進の手引』（改訂版）（初版平成28年3月、改訂版平成30年5月、再改訂版令和3年5月）https://www.mext.go.jp/content/20210528-mxt_koktou01-100014715_1.pdf

ワイマー，M.（関田一彦・山﨑めぐみ監訳）（2017）『学習者中心の教育―アクティブ・ラーニングを活かす大学授業』勁草書房。（原書：Weimer, M. (2013) *Leaner-centered Teaching: Five Key Changes to Practice* (2nd edition). John Wiley & Sons, Inc.）

渡辺研次（2018）「基礎的なコンピテンシー、学習自己効力感、キャリア選択自己効力感が学業の粘り強さ、学業成績に与える影響」『大阪経大論集』第69巻第2号、389-405。

Berdahl, L, Hoessler, C., Mulhall S. & Matheson, M. (2020) Teaching critical thinking in political science: a case study. *Journal of Political Science Education*, DOI: 10.1080/15512169.2020.174415

Carrapatoso, A. (2021) Education for sustainable development and action oriented learning at higher education institutions: reflections on a trans-disciplinary teaching project. *Journal of Political Science Education*, DOI: 10.1080/15512169.2021.1914067

Deardorff, D. K. (2006) Identification and assessment of intercultural competence as a student outcome of internationalization. *Journal of Studies in International Education* 10(3): 241-266

International Commission of Futures of Education (2021) Reimaging our futures

together: A new social contract for education. UNESCO. https://en.unesco.org/futuresofeducation/
OECD (2019a) OECD Future of Education and Skills 2030: Conceptual learning framework: Learning Compass 2030. https://www.oecd.org/education/2030-project/teaching-and-learning/learning/learning-compass-2030/OECD_Learning_Compass_2030_concept_note.pdf
OECD (2019b) OECD Future of Education and Skills 2030: Conceptual learning framework: Core Foundation for 2030. https://www.oecd.org/education/2030-project/teaching-and-learning/learning/core-foundations/Core_Foundations_for_2030_concept_note.pdf
OECD (2019c) OECD Future of Education and Skills 2030: Coneptual learning framework: Student Agency for 2030. https://www.oecd.org/education/2030-project/teaching-and-learning/learning/student-agency/Student_Agency_for_2030_concept_note.pdf
The UN Secretary-General (2021) Our Common Agenda – Report of the Secretary-General, The United Nations. https://www.un.org/en/content/common-agenda-report/assets/pdf/Common_Agenda_Report_English.pdf
UNESCO (n.d.) What UNESCO does in higher education. https://en.unesco.org/themes/higher-education/action

第3章
多文化環境における国際関係論の学び

立命館アジア太平洋大学　佐藤　洋一郎

1. 世界平和の実現を目指した大学の国際化

近年、「大学の国際化」が日本政府主導で推進されてきた。大学のキャンパスに国籍、人種・民族、言語、文化、宗教など多様な背景をもつ学生がともに学ぶということは、国際関係のみならず、広く社会科学一般の教育において複眼的な視点の育み、批判的思考（critical thinking）の涵養に貢献する。曖昧さを許容しがちな日本語によるコミュニケーションとは異なり、国際語となった英語を媒体としたEMI授業においては、より的確な表現を用いることが求められ、学生の異文化間コミュニケーションに関する理解も深まる。海外留学に行けなくても、日本人大学生が国内のより国際化されたキャンパスで学べることで、日本人の諸外国に対する理解を深めることに大きく寄与する。多くの国際学生が来日して在学中に長期間にわたり日本で生活することで、彼らの日本に対する理解も深まる。ともに学んだ学生同士の相互理解は、その自然な帰結として高い共感力を伴ったものとなる。世界中のより多くの国の人たちとの相互理解が進み、相互の共感力が高まるということは、国際関係を学ぶ重要な目的の一つである世界平和の実現にも寄与する。

一方で、国策として進められた近年の「大学の国際化」においては、学生相互の共感力の涵養が世界平和の実現に貢献するという、リベラルな理想主義が政策を導いていたわけではない。政府の政策が国際関係や社会科学を特に念頭に置いたものであったということでもない。18歳人口の減少に伴う大学淘汰の時代に向けて、より多くの学生を海外から入学させたいという諸大学と文部科学省を始めとする官界の思惑、国際通用性の高い日本人労働者を必要とし、かつ国内労働人口の減少に日本語のできる外国人労働者を充てたい経済界の思惑が、留学生政策に強く反映されてきた。そこでは、日本へやってくる留学生や、英語を運用して日本人学生が学ぶべき専攻が何であるべきかのような議論は一切なく、漠然とした「語学力・英語力」、「異文化相互理解」、「共生力」などといったスローガンが立ち並ぶだけであった。

本章では大学の国際化の背景を考察し、日本における国際関係論の学びへの貢献について検討していく。立命館アジア太平洋大学（APU）の取り組みを紹介しながら、コロナ渦中において一大進化を遂げたオンライン教育テクノロジーの可能性と限界を論じる。

2. 日本の大学教育と多文化環境

日本の大学教育において文化的な多様性の重要性が認識されてきたのは、ごく近年のことである。国内の労働者不足を補うため、正規・非正規の外国人労働者の流入が始まったのは1980年代後半であり、国内大学で学位を取った外国人が日本国内の労働力に占める割合はごくわずかであった。そのなかでも社会科学を含むいわゆる「文系」の専攻を目指す者はとても限られていた。この時代の「文系」への留学は、すでに日本語能力が大学講座履修に充分なレベルに到達しているごく少数の外国人が、日本人が大多数である授業環境のなかで日本語を媒体として学ぶものだった。その関心も日本語や日本文化を学びたい者が中心で、その大部分が短期留学生という特徴をもっていた。日本の大学にて４年間学んでいたのは「理系」の道へ進む者が中心であった。その背景には、技術や科学の分野における日本の大学の国際的競争力が評価されていたことと、理系の学問が、社会科学や文学などと比べたら文化の差異や日本語能力の影響を、そこまで受けないことがあった。

1990年代以降は2つの要因によって、この様相が大きく変わってくる。まず、日本企業の海外進出が進み、英語運用能力の高い日本人人材が求められるようになった。円高基調のもとで日本人学生の海外留学が盛んになった一方で、日本型経営がもてはやされる。さらには海外、なかでもアジアから、日本での就職を望む学生を日本の大学で育てるという期待が、日本の財界においても高まっていく。大学経営者たちの間でも、少子化により目前に迫る18歳人口減を睨んだ、国際学生獲得の必要性が叫ばれるようになっていった。

実は、日本人の国際化は今に始まったことではない。30年ほど前には米国の大学に学ぶ日本人留学生を採用するため、米国のロサンゼルスやニューヨークのような大都市で日本企業が主催する就職フェアが、今よりも活発に行われていた。当時においても日本人留学生の大多数は1年未満の語学留学生であり、正課の学位取得を目指す者は限られていた。図1のとおり、2004年の約8万3千人をピークに留学者の絶対数が減少している。海外の4年制大学で学位を取得した日本人は、さらに限定される[1)]。このような状況下で、海外展開の進む日本企業のリーダーたちは、英語力や異文化間コミュニケーション力の備わった日本人学生を強く求めるようになった。この実業界のニーズを受けて、日本政府は大学の国際化を主導してきたのである。

経済の国際化で官職においても国際的な人材のニーズが増している。しか

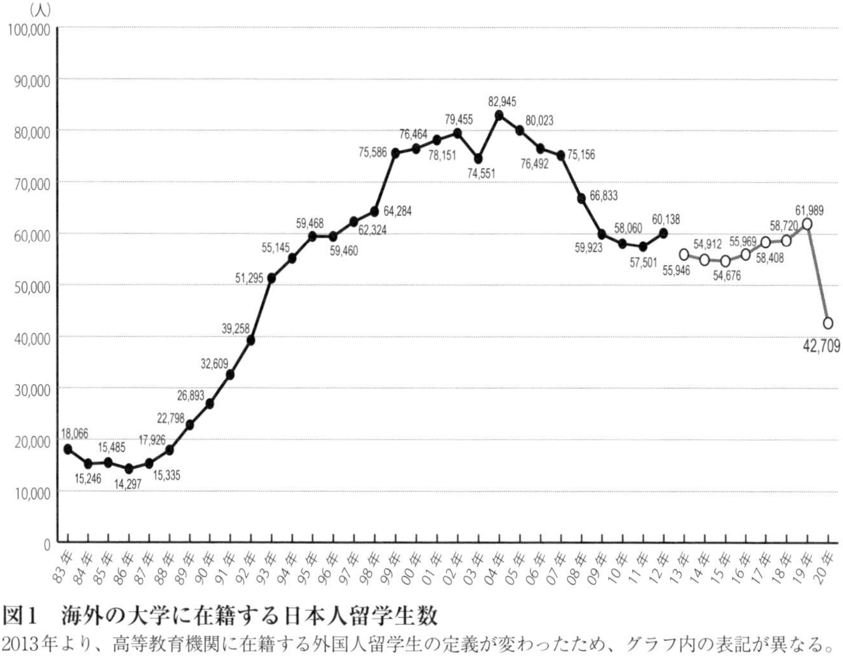

図1　海外の大学に在籍する日本人留学生数

2013年より、高等教育機関に在籍する外国人留学生の定義が変わったため、グラフ内の表記が異なる。
(出所) 文部科学省、2023、p. 5

し、公務員試験のような特殊な勉強は、海外で学位留学をしている者にとっては大きな負担となる。学位取得のための勉強の時間を削がれるばかりか、そもそも暗記詰め込み型の日本の受験勉強に価値を見出さず海外の大学を選んだ者にとっては、公務員試験のための勉強は、時間の無駄にしか見えない。公務員採用のなかでも最も狭き門の一つである外交官の採用でも、こうしたことから海外の大学の学位取得者の採用が伸び悩んでいる[2)]。

3. 日本の大学における国際関係論の学び

(1) 理論を重視した教育と実務性

日本の大学における国際関係論は、外交史研究と地域研究にルーツをもち、そこを強みとするといわれてきた。一方で、近年では欧州や米国からの輸入学問と見られてきた理論研究の分野で、自らの歴史・文化的な文脈から独自の理論体系を作り出そうとする動きも表れている。しかし、国内教学の主流は依然として外交史的なアプローチを取っている。学部レベルでは、入門クラスで学ぶ基礎的な欧米の国際関係理論以上の細分化した理論体系を学ぶ機会はほぼない。ごく一部の理論研究を指向するゼミに入った学生以外には、そのような機会はないだろう。

理論を深く学ぶというと、学術の道を究める、つまりは研究者になることを連想しがちだ。だが、理論を学ぶことは、序章でも議論した実践力（コンピテンシー）の基礎にもなっている。国際関係の研究において、理論、実証（近現代を含む広い意味での「歴史」）、政策の3つは不可分の「知識トライアングル」を構成している。日本の大学での国際関係論が理論を「舶来・国産」の別に関わらず推進することには意義がある。論文出版や学会活動を含む国際研究交流の媒体言語としての「英語」の支配的な地位を、ポスト・コロニアル的な視点から批判し、その米英研究者が享受する構造的な利点を指摘する向きもある[3)]。とはいえ、日本における国際関係研究にとっても、英語での発信が重要性をもつ。さもなければ、学問領域のガラパゴス化が進んでしまう。

この点で、日本人研究者のうち傑出しているのが猪口孝・東京大学名誉教授である[4)]。その他の日本人研究者の間の競争をドングリの背比べに例えても語弊がないほど、猪口は世界中の研究者から論文を引用されている。猪口は、大学院で米国へ渡るまでは留学はしていない。ところが、海外で講演するときなど、猪口は現地の言葉で挨拶ができてしまう。多文化・多言語環境に物おじしない度胸の強さをもつ研究者だといえよう。プロ野球選手に例えれば、国内外問わず活躍したイチローのようなタイプだ。

(2) 米英欧との比較

国際関係を真に多文化環境で学ぶことのできる大学は、これまで稀有であった。国際関係に強いといわれる米国や英国の大学においても事情は変わらない。米英では国内の人種の多様性はそこそこ担保されてはいるものの、多くは自国の市民や移民2世・3世となっている。学部レベルで留学生の占める割合は意外に低い。日本の留学生の大多数が、学位取得を目的としない語学留学生であるように、韓国や中国からの留学生も、国際関係論で学位取得を目指すことは少ない。したがって、国際関係論を教える米英の大学は、必ずしも充分な多文化環境を提供できているとはいえない。（大学院では学部よりやや留学生の比率が高くなることが多い。）日本のような自ら単一民族国家を標榜してきた国でも、同じように多文化環境での学びの場は少ない。

欧州連合（EU）の諸大学は、エラスムス（ERASMUS）協定を通じて留学による交流や単位の相互認証を進めてきた。英連邦のEU離脱にもかかわらず、エラスムス提携大学は共通言語としての英語による授業の拡充を継続的に進め、留学プログラムの後押しと自らのキャンパスの国際化を同時に追求している。経済のみならず政治的な統合を目指す欧州諸国にとって、相互理解に基づいた共通の欧州市民としてのアイデンティティを醸成するため、大学間交流が一役買っているといえよう。

オランダにあるマーストリヒト大学における学生・教員の出身国の多様性は100カ国以上に上り、学生の51％、教員の約40％がオランダ以外から来ている[5)]。この数がEUを超えた国際化を目指すものであることはいうまでもない。アジア欧州会議（ASEM）などでも1990年代半ばより、大学教育における連携が話しあわれてきた。さらに様々なエラスムスのプロジェクトが域外国との連携強化を企図しており、EUのインド太平洋戦略に合致するものも今後増えてくると思われる。

日本では、学部レベルで本格的な多文化キャンパスの構築ができない大学でも、大学院限定でこれを進めてきた。典型的な例は1982年に大学院のみで創立された国際大学や1997年に開校した政策研究大学院大学だ。日本政府系の奨学金で留学生を集めやすい政策科学系大学院が、競ってこのマーケットに参入している。

一方で、その他の多くの大学では、国際関係論を専攻とする大学院プログラムは伝統的に法学部の傘下に置かれてきた。そのため、英語で授業ができる教員の不足やカリキュラムの偏り[6]が生じ、海外からの留学生数は伸びていない。事情は学部レベルでも大差はない。小規模に英語で開講される国際関係論や社会科学の科目を擁する国際教養プログラムを提供できている立命館大学、学習院大学、法政大学、東洋大学などでも、学生の大多数は日本人学生である。したがって、本書の第4・5・6章で実践例を紹介する早稲田大学や上智大学の場合とは異なり、その他の大学では多文化環境が整っているわけではない。

(3) 日本の大学における障壁

日本の大学が外国人留学生を多く受け入れ、多文化教育環境を提供するには、いくつものハードルを越えなければならない。そのなかでも、最も大きな障害が言語の壁であると考えられる。近年までの日本の大学では、日本語能力の高い学生を日本語で履修する正課へ受け入れるというパターンが主流であった。そうした資質をもつ留学生の数には限りがあり、日本の各大学にとって大幅な正課留学生増にはつながらなかった。

日本人教員の英語で授業を実施する能力も限られている。にもかかわらず、海外で修士号や博士号を取得しつつEMI授業を提供できる日本人教員を少数の大学に集中させて、国際化のための拠点大学とするような施策も取られなかった。文部科学省の「スーパーグローバル大学創成支援事業（SGU）」では、採択された大学に補助金を付けてEMI授業を充実させ、外国人留学生の誘致を図った。しかし、当初予定の30校をも大きく上回る37校の採択で、選択集中に逆行したバラマキ行政となった。SGUの補助金を使って立ち上げた各大学の国際化のためのプログラムは、助成期間の終了後も学内資金等を使って持続的に運営していくことが求められてはいた[7]。しかし、多くの大学で、5年間の任期付き雇用でとりあえず外国人教員採用を増やしてみるといった、腰の据わらない国際化となった。2023年度でSGUが終了することにより、国際化から脱落してゆく大学が出てくることが見込まれる。

一時期流行りの「国際系」学部の参入で、国際関係論を学べる場所は、法学部政治学科をもつ旧帝国大学系国立大学や伝統的私立大学から、その他の多くの私立大学へ広がった。国際関係論を学ぶ大学の選択肢が増えたことで、各大学が提供するプログラムの差別化を図る必要が生じた。なかには、大学のブランド化を引っ張る牽引役としてEMI授業を位置づける大学もあった。このマーケティングの観点から推進されたEMI授業は、SGUを機に一部導入された。

しかし、税金を投入して誘致したSGUは必ずしも満足のゆく成果を出していない。一部の大学を除いては、EMI授業の選択肢は限られていた。その数少ないEMI授業では、英語力の不十分な日本人学生のレベルに合わせるために妥協した授業内容となり、留学生の期待を満たすことができなかった。一方で、EMI授業を履修する日本人学生にとっても、EMI授業で期待される多文化環境を享受できたわけではなかった。多くの場合、EMI授業の受講生の大多数は、日本人学生が占めることになったため、いかにして、多文化環境を築けるのかが課題として浮き彫りになった。

Contents and Language Integrated Learning（CLIL）と呼ばれる教育手法では、語学に重きを置くか、各専攻科目の中身の習得に重きを置くか、の二者択一ではなく、二兎を追う幅をもたせた定義を採用している。しかし、両者の間に相乗効果が生まれることが大前提である。私の出身の大学付属高校の英語の授業では、40年も前に社会科学系の専攻で修士号をもつ先生がマキャベリの『君主論』を読ませたり、Newsweek誌やTime誌から抜粋した時事問題の記事を速読させたりしていた。ただし、そこでは講義を英語でするということはなかった。つまり、日本人学生のニーズにより応えられるのはCLILかもしれない。しかし、SGUを通じた留学生招致の要請により、EMI授業が求められ、学生のニーズと大学の政策との間に乖離が生じている。

大学の国際化を念頭に置く場合、学生や教員に目が行きやすい。あるいは、海外の大学との留学協定などが目につく。しかし、多数の国際学生を招致し、国際教員を多く採用し、海外連携を強化するためには、大学事務スタッフの国際化が必要になる。ところが、多くの大学では、多岐にわたる業務を日英両言語で担うことができる人材は非常に限られている。

くわえて、大学側の国際化の努力だけでは、グローバル人材を輩出することは難しい。少子化の影響もあり、高い英語力をもつ高校生の絶対数は増えていない。ゆとり教育と会話重視の英語教育の影響を受け、平均的に低下してしまった高校生の英語力を底上げしなくてはならない。高校までの英語教育を見直し、高校卒業時の英語力が英検2級レベルに達するように改善が必要だ。ただし、本書の第1章が指摘するように、英語に対する固定観念を壊し、英語を使うことに対する心理的な壁を乗り越えることで、英検2級レベルの英語力をもつ学生たちは、EMI授業についていけるようになるだろう。

(4) オンライン教育拡散と規制

ZOOMなどを使ったオンライン授業は、コロナ禍で一気に導入が進んだ。当初、文部科学省は、あくまでもオンライン授業を対面授業に代わる臨時の代替策としてしか捉えていなかったようだ。コロナ第一波が収束し学生や保護者の間で「対面授業がなくキャンパス施設が使用できないなら授業料を減額しろ」といった短視眼的な要求が出ると、各大学の対面授業の割合を公表するなどして大学側に対面授業再開の圧力をかけ始めた。

コロナ以前からある学生の履修単位数のうち50%以上は対面授業によるものでなければならないとする規則は、通信教育との差別化を念頭に置いた古い規制だ。この規制については、パンデミックの長期化により2020年度以降の入学者に対しては緩和せざるを得なくなった。APUのように、毎年の入学者の50%を占める国際学生の入国に大きな支障が出た大学では、対面授業を再開したとしてもオンライン併用のハイブリッド型で授業をせざるを得ない状況がしばらく続いた。そのような状況であるにもかかわらず、時代遅れの規制に縛られ、一般大学の授業の形態を対面か遠隔かという二分法で分類することは、現実にそぐわない。こうした規制が社会の変化についていけていない。そのような実態があるにもかかわらず、文部科学省からはコロナ後のビジョンは提示されなかった。そうすると大学側（特に政府規制の意味するところを解釈する立場にある職員）が保守的になり、オンラインを活用した教学改革の足かせとなってしまう。

かつては語学留学といえば英語を学ぶことを指した。留学先は英語圏の米英、カナダ、オーストラリア、ニュージーランドなどが大多数を占めてきた。ところが、最近ではフィリピンやフィジーなどの国が留学先に加わった。コロナ禍でのオンラインツールの発達で、語学留学の観光要素以外の部分が日本に居ながらにしてより安価に受けられるようになった。アフター・ファイブ（就業・就学時間以降）向けの国内英語学校と留学者向けの海外の語学学校が、このようなオンライン化した語学レッスンにシェアを奪われていく。遅かれ早かれ大学教育も、オンライン化の波に飲み込まれるだろう。とりわけ、小規模の大学、小規模の学部・プログラムは、外部との戦略的な提携なしには効率的な運営ができなくなるだろう。魅力のあるプログラムの提供もできなくなる。一方、能力の高い教員個人にとっては、オンライン化の恩恵を受けて世界中で兼業のチャンスが広がることになる。

4. 立命館アジア太平洋大学（APU）での実践

(1) 開学時の国際化の方針

APUにおける多文化環境は、先述のマーストリヒト大学と並び世界のトップレベルにある。2000年開学時のコンセプトである「3つの50」では、国際学生比率50%、国際学生出身国数50カ国、国際教員比率50%を掲げた。その後SGUでは、新たに「4つの100」を打ち出す。国際学生比率・国際教員比率50%は、そのままに、初年次学生教育寮入寮100%、多文化協働学習等実施科目100%、在学中の多様な海外経験100%、留学生出身国数・地域常時100以上へと、さらなる多様性の追求を掲げた（2023年5月1日の時点での留学生の出身は106カ国・地域）。

開学時の日本人入学者は、新しくできる大学へ果敢に志願してくるチャレンジ精神や英語が好きという特性を備えてはいた。しかし、彼らの英語力は、国内の高校生のトップレベルには及ばなかった。その後、学内において、

TOEFLなどのスコアを卒業要件に加えることで、学生たちが入学後に高得点を目指すように促すべきか、といった議論があった。特にそのような制度を導入していた国際教養大学とAPUが比較されることが多かったからだ。しかし、APUでは英語のスコアを卒業要件とはせず、ある程度緩い形で、語学の授業以外のEMI授業で20単位取得することを卒業要件として置き、「(日本人学生と国際学生と)混ぜる教育」を重視した。英語の運用能力を高めたい学生のための十分な機会は用意しつつも、それを強制し過ぎないこととした。その一例として、TOEFLのような外部英語試験という新たな「受験」の枠に学生を押し込めないという方針を定めたのである。しかし、この決定の代償として、学生間の英語力に一定の差が残ることを受け入れることになった。

経済的に平均収入が日本と同等か、それ以上の国に国際学生の募集を絞ってしまっては、APUの目指す多文化環境を得ることはできない。発展途上国から広く学生を集めるためには学内外の奨学金制度をフルに活用することが求められる。同時に奨学金を必要としない国際学生を惹きつけられるだけの大学としてのブランド力を高め、国際的に発信していく必要がある。2020年に開学20周年を迎えたAPUでは、「第2の開学」として多文化環境のみに依存しない大学のブランド化に取り組んでいる。そのなかでも研究力における国際的な立ち位置を継続的に高めてきた国際関係論が重要な役割を担っている。

(2) 国際関係論の位置づけ

この国際関係論の位置づけは、APUの開学時から強く認識されていたわけではない。初代学長の坂本和一はドラッカー研究者、つまり経営学の人である。その後も政治学者や国際関係研究者が学長になったことはない。国際関係は学部として置かれているわけでもない。開学時のAPUは「アジア太平洋学部」と「アジア太平洋マネジメント学部(後に国際経営学部と改名)」に分かれていた。前者はリベラルアーツの学部として位置づけられていたものの、両者のカリキュラムの自由度が高かったため、どちらの学部の所属であったかを学生自身が時に忘れてしまうほど、その垣根は曖昧であった。実際に私が、2007年度と2008年度に客員教授としてAPUで「グローバル化と地域主義」の授業を担当したときには、2学部から半々ずつくらいの学生が履修していた。

アジア太平洋学部の中心は国際社会学という意識は当初からあったものの、2学部に跨るクロスオーバー・アドバンスド・プログラム（CAP）の開設による観光学、情報コミュニケーション技術関連講座の新設、国際政治関連科目・教員の拡充がなされてきた。その後、CAPの停止とCAP講座のアジア太平洋学部への吸収を経て、2013年のカリキュラムでは、強い国際関係科目を内包しながらも、「ごった煮」的なリベラルアーツの学部に留まっていた。

しかし、国際関係を含む学修領域ごとに専門性を高める動きが強まり、2017年のカリキュラム改革を経て、2023年度のサステイナビリティ観光学部の新設に至る。学部新設に伴いアジア太平洋学部も新カリキュラムを制定した。アジア太平洋学部から観光学教員全員と環境・開発学教員の一部が新設学部へ移籍した。これに伴いアジア太平洋学部に3つの学修領域（国際関係、グローバル経済、文化・社会・メディア）が確立する。これをもって、アジア太平洋学部では、キャンパスの多様性や英語で学ぶということ自体が目的ではなくなった。それらを手段として教学や研究の高みを目指す現在のモデルが完成する。

(3) SGUの取り組み

話が少し遡るが、SGUの募集が始まった2013年には、すでにAPUは「日本の大学の国際化」の最前線を走っていた。SGUに応募したときも、多くの教員の間に「落ちたら恥」、「APUに対する期待値は高いはずだから、文部科学省による審査基準は他大学よりも厳しくなる」といった自負と覚悟があった。しかし、SGU関連の新規プログラムのなかで、「国際関係」や「研究」が特段の位置づけをされることはなかった。研究力に重点を置くAタイプではなく、教育に重点を置いたBタイプへ応募することになった。そのSGUでの焦点は、キャンパスにおいては「混ぜる教育」の拡大で、様々な国際学生との協働学習プログラムの拡大が図られた。キャンパス外においては、短期海外体験から、より長期の交換留学のプログラムの拡大などが図られた。

多文化協働ワークショップが1年生向けの必須科目として位置づけられた。その特徴は、約30分の講義に約60分のグループワークから構成され、それが4ヶ月間にわたり継続される点にある。講義の部分は、日本語と英語のクラスに分かれている（日本語話者は日本語で学び、それ以外は英語で学ぶ）が、その後のグループワークでは、日本語話者と英語話者を半々に混ぜ合わせる。グループワークでは6名前後の少人数に分かれ、履修生の出身、国籍、学部などを考慮して多様性が確保されるように組まれる。グループワークでは、講義で学んだ知識やスキルをグループで実践することに重きが置かれる。言語の壁を壊すための仕掛けが用意され、アクティブ・リスニング（傾聴）といったコミュニケーションのスキルを身につける。知識としてもコミュニケーションのスタイルの違い、ステレオタイプ、多様性と包摂性といったことを学ぶ。教員に加えて先輩の学生をTAとして配置し、受講生のサポートを多方面で担う。

コロナ禍においては、オンラインでの多文化協働学修が取り組まれた。APU GLAD（Global Learning for Sustainable Development）と呼ばれ、Collaborative Online International Learning（COIL）形式の授業が実施された。2020年度は、日本国内の92名の学生に49名の国際学生、そして海外の協定校から22名の学生が参加した。異なる背景や母語をもつ参加者間の意見交換を日英バイリンガルな先輩学生がTAとしてサポートした。このプログラムの参加者は、次のような感想を残している。

「世界を変えたいと思っていても、どのようにして変えていけばいいのかわからない若者はたくさんいます。APU GLADプログラムでは、このような学生のために、異文化間の意見交換やアイデアを育みながら、地球規模の課題解決に向けて実現可能な事業を企画し、実行することを学ぶ、非常に洞察力に富んだプロジェクトベースの学習体験をすることができます。ゲスト講師の体験談やアドバイスも授業の中に盛り込まれており、企画や問題点、資金調達などのリアルな内情を知ることができ、学生にとっては非常に参考になります。私自身も、このプログラムを通じて、社会的インパクトのあるプロジェクトに関わる実践的な知識を身につけ、世界をより良い場所にするために役立つ人材になりたいと思っています。」

SGUの一環ではないが、同時期にワルシャワ大学やアントワープ大学といった欧州各国のトップ大学との交換留学や研究協力の協定締結へ向けた交渉が始まっている。これは、国際関係の研究力に注視していたAPUの既存の方針と符合した結果だといえよう。欧州のトップレベルにある両校から、学部間協力に特化したアプローチをしてもらえたことがきっかけになっている。引き続き学修分野ごとに世界のトップレベルの提携校と交換留学協定を結び、維持していくことができるかは、APUの研究力に大きくかかっている。

(4) 大学ランキングに見る英語での研究実績

近年商業化が著しい「大学ランキング」なども、こうした研究力の一つの指標として見られることが多いため、無視するわけにはいかない。特にAPUのように国際的な立ち位置を上げていく必要に直面している大学にとって、英語中心の国際指標がフェアでないなどという当たり前の事実に泣き言ばかりをいっている暇はない。その一方で、APUのみならず日本の多くの大学の国際関係研究者が憂慮すべきこともある。たとえば、自然科学の分野におけるジャーナル偏重主義（学術誌への掲載数）が、Web of ScienceやScopusなどの指標に影響を及ぼすため、それらを重視する国際ランキングに日本の大学が名を連ねることを困難にしている。ランキング審査では、論文出版絶対数による足切りがあり、大規模大学ばかりが優遇されてしまう。このような現実があり、改善へ向けた積極的な働きかけが必要である。

こうしたなかで、機関所属メンバーの論文の被引用数を元にしたEduRankというランキングで、2023年にAPUが国際関係分野国内第8位、アジア78位、世界602位となったことは、手前味噌ながら特記すべきである[8)]。同指標での世界ランキングのトップ10が、より広く知られているWeb of ScienceやScopusなどのランキングと似通った結果となっていることから見ても、まるっきりズレた指標であるとはいえない。むしろ、その対象となる論文の包有度の広さから、より民主的な指標であるともいえる。話が少し脱線したように感じられる読者もおられると思うが、要は英語で論文を書けない研究者や彼らの所属する大学は、世界の土俵に上れないということである。

5. ポスト・コロナの日本の国際関係論

国際関係を多文化環境で学ぶ利点は、国内大学のキャンパスを国際化する日本政府の後押しがあったにもかかわらず、十分に生かされてこなかった。日本人学生の海外留学を増やすという目標は、このままではSGUの終了とともに息切れしそうである。外国人学生の日本の大学への正課留学を増やすという目標についても、EMI授業や学習者主体の学びの拡大や改善がなされない限り、実現が難しい。

とはいえ、コロナ禍によって明るい兆しが見えてきた。たとえば、オンライン・ツールの活用は、対面授業の一時的な代替にとどまらず、大学教育や留学という概念そのものを一部再定義する潜在性をもっている。それが実際に他国へ一定期間住むことを伴う従来の留学を消滅させるわけではない。しかし、おそらくは高い経済力なくしてはできなかった従来の留学に代わる、より安価なオンライン留学は、より多くの学生にとって参加可能な代替選択肢となりうるだろう。海外留学は伸び悩むかもしれないが、オンライン留学を充実させることで、学生たちは日本にいながらにして多文化・国際経験を味わうことができるかもしれない。

たとえ大学の教室が日本人学生ばかりだったとしても、オンラインで海外の大学の教室とつなぐことで、ヴァーチャルな多文化空間をつくることもできるだろう。オンライン・ツールが充実してくれば、物理的に膝を突きあわすことなく協働作業に取り組むことが可能だということをAPU GLADは実証してみせた。

一方で、日本の経済力の相対的な低下は、海外の学生の日本へ留学したいという動機を次第に削いでゆく。日本での就労機会を一義的な理由とした途上国からの留学は一定程度継続していくものと思われる。だが、その多くは国際関係論のような専攻よりも、経営学や技術・理工系などの就労機会に直結した専攻へ集中するであろう。国際関係論の専攻に海外からの留学生を集めるには、研究力で実績を上げ続けることが欠かせない。さらに卒業生たちが世界的にレベルの高い大学院に進学すれば、評価も高まっていくだろう。

「インド太平洋の世紀」においては、日本の相対的な衰退とは裏腹に、日本を取り巻くアジアが世界最大規模の経済圏となる。APU における国際関係論の学びは、世界に先駆けて多くのアジア諸国からの留学生を集め、文化多様性のあるキャンパスのなかで取り組まれてきた。したがって、APU はアジア地域のみならず、アジアへのリンケージを模索する世界の他地域からの学生をも集めていくだろう。このような APU の学舎《まなびや》としての環境は、次世代の政治リーダーシップを輩出する潜在性となっている。残念ながら、その環境をフルに活用できる高い英語力をもった日本人学生の絶対数は減少中だ。しかし、世界ランクで上位を占める米国大学の政治学部における第2言語習得率の低さや、多文化理解のリテラシーの不足などが顕在化しており[9]、日本の大学が多言語・多文化教育の旗頭となるチャンスがないわけではない。日本を含むアジアを拠点とした、EMI 授業を用いた国際関係論の学びが、これからの世界をリードする可能性は十分にある。すでに、国際研究学会（International Studies Association）などの学会における「グローバル国際関係論（Global IR）」の議論や欧州の歴史を基礎とした欧米視点の国際関係研究に対する知的「脱植民地化」の動きのなかに、その可能性が見て取れる。

注

1） 新型コロナウイルス感染症の世界的な流行以前の2019年度における英語圏への日本人留学生数は、米国へは18,138名、オーストラリアへは9,594名、カナダへは9,324名、英国へは6,718名となっている。しかし、これらの留学生のうち、1年以上の留学期間をもつ者は、北米で642名に激減する。この数字は大学院への留学も含まれるため、英語圏の4年生の大学学部の学位取得者数は、さらに少ないことが見積もられる。（日本学生支援機構「2019（令和元）年度日本人留学生状況調査結果」https://www.studyinjapan.go.jp/ja/_mt/2021/03/date2019n.pdf）

2） 資格の学校 TAC によれば、2020年度から22年度の外交官（国家総合職）の出身大学の上位は、東京大学、慶應義塾大学、早稲田大学、京都大学、東京外国語大学、一橋大学、北海道大学、大阪大学、立命館大学の順となっている。毎年、約30名が国家総合職として外務省に入省するため、海外大学の学位取得者はきわめて少ないことが推測できる。2021年度は英国の King's College London 出身者が第7位となっている。他方、外務省専門職試験の合格者の出身大学は、ほぼ日本の大学となっている。2022年度には英国の King's College London、Perth College、イタリアの Università di Bologna、台湾の国立政治大学の出身者が各1名合格している。2021年度は英国の University of East Anglia、米国の Guilford College、Beloit College の出身者が各1名合格している。2020年度は米国の University of Arkansas、インドの Jamia Millia Islamia の出身者が各1名合格している。(https://www.tac-school.co.jp/kouza_gaisen/gaisen_ranking.html)

3) Trownsell et al. (2021)

4) 東京大学を退官後は新潟県立大学の学長を2017年まで務めた。現在も桜美林大学アジア文化研究所で研究を続けている。

5) Maastricht University (n.d.)

6) 日本の大学の国際関係論のカリキュラムは、理論に重点を置く場合と外交史に重点を置く場合とに二極化されており、両方をバランスよく学べる体制を欠く。さらに、国際関係についての実務経験が豊富な教員が少なく政策応用性に乏しい。

7) 日本学術振興会 (n.d.)

8) ちなみに、2022年のEduRankでは、APUが国際関係分野国内第2位（第1位は東京大学）、アジア23位、世界304位となっていた。APU, APU by the Numbers, https://www.apu.ac.jp/aps/

9) Hadley (1958)

参考文献

日本学術振興会 (n.d.)「スーパーグローバル大学創成支援事業　採択事業一覧」https://www.jsps.go.jp/j-sgu/h26_kekka_saitaku.html

EduRank (2023) 10 best universities for international relations and diplomacy in Japan. https://edurank.org/liberal-arts/international-affairs/jp/

Hadley, Paul E. (1958) The role of foreign language in training for international relations. *The Modern Language* 42(5): 226-231. https//www.jstor.org/stable/321260

Maastricht University (n.d.) The most international university in the country. https://www.maastrichtuniversity.nl/education/why-um/most-international-university-country

Trownsell, Tamara A., Arlene B Tickner, Amaya Querejazu, Jarrad Reddekop, Giorgio Shani, Kosuke Shimizu, Navnita Chadha Behera, Anahita Arian (2021) Differing about difference: relational IR from around the world. *International Studies Perspectives* 22(1): 25-64. https://doi.org/10.1093/isp/ekaa008

第4章
英語によるワークショップ型国際関係論の学び

上智大学　小林　綾子

1. 3つのハードル

英語によるワークショップ型の国際関係論の講義とは？

国際関係論の授業ではダイナミックな現実を扱う。あるアクターの意思決定や政策によって、社会の進路が変わり、影響が国境を越えて波及していく。また一方では、グローバルな課題が私たちの生活に密接にかかわってくる。ワークショップでは、学生がこうしたダイナミクスを体験できる利点がある。各国政府の代表になるロールプレイもあれば、世界の課題を自分ごとや個人レベルに引きつけて考えるアクティビティーもある。グローバルな視野もローカルな視野も、両方必要な今日の学びにうってつけだ。

ワークショップの学習効果として次のような点が考えられる。第一に、学生が国際関係を自分ごととして捉えられるようになる。第二に、学生が授業の主役になれる。ワークショップでは、教員は学生の関心を高める火付け役、ファシリテーター役、あるいは、「学びの演出家」だ[1)]。教員は学生たちの自由な発想によって議論が進む環境整備に徹し、学生間での創発を促す。第三に、学生たちが当事者として現実社会を考えるきっかけになる。

「英語で」「ワークショップの手法を用いて」「国際関係論を学ぶ」ことには、文字通り3つのハードルがある。(1) 学生同士が英語を使って意思疎通をするハードル、(2) 参加者の対話や自由な発想により授業が進むというハードル、そして (3) 国際関係論の難しい概念や理論などを学ぶハードルである。本章では、学生の心理的なハードルを下げながら、学生間の議論が促進され、学生の関心が高まるような授業環境づくりを紹介する。

基本用語解説

アクティブ・ラーニング

アクティブの訳のとおり、学生が、能動的、活動的、主体的に学習を進めること。ただし、大切なのは、単に行動がアクティブなのではなく、頭（mind）がアクティブに関与しているということ、あるいは身体的に活発な学習（hands-on）よりも知的に活発な学習（minds-on）だ[2)]。教授の話をしっかり理解しようと予習して講義を聞き復習することも（↔スマホやパソコンで別のことを検索しながら聞く）、静かにレポートを練り上げることも（↔文字数や締め切りなど最低限の条件だけクリアする）、体験型学習やワークショップも、アクティブ・ラーニングのひとつである。

ワークショップ

あるテーマや課題について、参加者一人ひとりが発言し、耳を傾け、全員で議論を進めていく学習形態。予期せぬことや想定外のことが起こるところにワークショップの醍醐味がある。参加者がそれぞれに具材や調味料を持ち寄って作るシチューや鍋、皆で協力して薪をくべて炎を燃やすキャンプ・ファイヤーに例えられることもある[3)]。どのような味のシチューや鍋になるか、どのような形の炎になるかはわからない。だから不安もあるが、面白い。

ファシリテーター

英語の facilitate は「物事が進むことを容易にする、円滑に進める、手助けする」という意味である。ファシリテーターは、学生間の議論が円滑に進むように授業を運営する。大学教員の場合、上からの物言いと学生から受け取られないような配慮が必要だ。学生の発言を判断するのではなく、承認や反応することでさらなる発言を引き出したり、議論が盛り上がり過ぎた時には少し落ち着いた雰囲気に戻すなどの役割が期待される。キャンプ・ファイヤーの火付け役でもあれば火消し役になることもある。

創発

「創」は新しく生み出す・作ることであり、「発」は自分の言葉や考えを外に向けて出していくことである。創発とは、ワークショップ型の議論を通じて、「互いの意見に触発されて思いもよらなかったアイデアが生まれる」ことを指す[4)]。

傾聴

相手の話に積極的に耳を傾けること。相手が語る内容を、自分の考えとあっているか違うか判断しながら「聞く」こととすると、「聴く」は、自分の意見は脇に置いておいて相手が話す内容だけに意識を集中することである[5)]。

筆者は、上智大学総合グローバル学部に所属し、2020年9月に発足したSophia Program for Sustainable Futures（SPSF）という学科横断型英語プログラム担当教員として、「英語で」「ワークショップの手法を用いた」「国際関係論の」授業を展開してきた。授業に出席する学生は、英語を主要な言語として学ぶSPSFの学生のみならず、その他の言語を中心に学んできた学生など様々だ。国際関係論を中心に学んでいる学生もいれば、経済学、教育学、人文学を中心に学ぶ学生もいる。3つのハードルがほとんど問題にならない学生もいれば、三重のハードルを前に授業に立ち往生してしまいそうな学生もいる。

さらに、日本では2020年の春休みに新型コロナウイルスの感染拡大が本格化し、多くの大学で授業がオンラインとなった。対面が叶わなくなったコロナ禍で、オンラインでワークショップをやってみて見えてきたことや限界は何か。本章は、学期の導入段階や、学部1、2年生を対象とした導入レベルの授業を念頭に置いている。本章で紹介する内容には、発展的な授業にも取り入れられるヒントもあれば、むしろ取り入れない方がよい要素もある。筆者の経験から、利点とともに課題や問題点も含めて解説する。

2. 英語で意思疎通をする

教員が目指すべきことは、3つのハードルのうち最後の国際関係論を学ぶハードルに学生の学習目標を一致させることである。そのために筆者は最初の2つのハードルである英語とワークショップへの参加に対する心理的障壁をなくすことを授業の早い段階で優先してきた。英語が得意か否かが前面に出ることで、学生間に分断を生じさせてしまう懸念がある。たとえば、自由にグループ分けをしたとしよう。すると、英語が得意な学生同士、英語が必ずしも得意でない学生同士で固まってしまうことがある。そうならないよう、第一に、異なる知識やスキルをもつもの同士が集まることで、互いの思考が刺激され、自分一人では思いつかなかったひらめきやアイデアが生まれるというワークショップの醍醐味に学生たちが気づくことが大切だ。そして第二に、授業に関心を抱く学生が共通にもつ、国際関係論を学ぶという目的に焦点を定める。教室に集った他の学生たちも、同じ目的のもと授業を受講しているのだという認識を学生たちの間で共有させることが肝要である。

英語で学ぶ、ということ自体が特徴の授業と捉えると、英語が得意かどうか、英語でエッセイが書けるかどうか、というスキルが、学生にとって最も気になる。英語圏での生活経験がある、あるいは英語で教育を受けてきた学生による流れるような英語での自己紹介を聞いて、自分には到底同じようには話せないと固まってしまう学生もいる。この段階では、英語が流暢かどうか、が自分や相手を判断する基準になる。第二、第三のハードルに挑戦する前に立ち止まってしまう。

そんなとき、「私たちは、自分の知識を増やしたり、能力を高めたりするため、関心を共有するテーマを扱う授業に一緒に出席しているのだ」と学生たちに自らの共通性を意識させることが教員の役割となる。情報源が日本語でも、中国語でも、韓国語でも、その他の言語でも関係ない。ただし意思疎通の手段として英語を使う。学生がこうした意識をもてれば、英語で意思疎通をするハードルは下がるのではないだろうか。共通の目的に意識を向けるために、学生同士が一緒に学んでいるという感覚を生み出すことは有効だ。それに長けているのがワークショップだといえよう。

ワークショップ型の授業では、学生の「違い」を創発のチャンスと捉える。ワークショップは「工房」を意味する。工房では、釘や金づちなど木工用具、手に入れられる素材を用いて自由に創作が進む。同じように、ワークショップでは、学生の異なる知識やスキル、多様な発想が歓迎される。筆者は、意識的に、英語以外のスキルや経験が活用できるような授業を考えている。たとえば、地図を描くワークでは、絵を描くことが得意な学生が意外な面を見せる。NGO／NPOでのボランティアの経験がある学生が、体験談を紹介する。他学部の授業や家族との間であった出来事と関連させて、対話を深める学生もいる。皆のアイデアをコピーライターのような魅力的なキーワードでまとめ上げるスキルをもつ学生もいる。イラストや演技、動画編集技術、あるいは田舎で大自然に触れていたからこそ出る発想など、講義型の授業では知る由もない、学生の隠れた才能や経験、ひらめきに驚かされることがある。受験でいつも一つの正しい答えを求められ続けてきた学生たちは、最初はこのようなワークショップ型の授業に戸惑いを見せる。しかし、「唯一絶対の答えはない。参加者のアイデアと、皆で議論を重ねた成果が尊重される」、「自分たちの違うスキルを合わせると一人ではできない成果が生まれる」ということが、学生同士の言葉のキャッチボールや共同作業を通じて理解できると、学生たちは自然に議論を進めるようになる。教員は、英語が流暢であることだけを取り出して、あるいは学生が特定の正解をすることが「素晴らしい」と評価するのではなく、学生たちの多様な経験やスキル、発想力、議論への貢献や知見を歓迎することが必要である。

本章の焦点である、(2) と (3) のハードルの話に移ろう。

3. 主体的に議論や活動に参加する

第二に、主体的に議論や活動に参加するハードルがある。ワークショップ型の授業では、学生主体だ、学生の自由な発想が大事だ、教員は伴走者であまり話さないのだ、と言われると反対に困ってしまう学生や教員もいるだろう。単に、学生に「自由に話してください」というだけでなく、学生が安心して話ができる環境づくりも大切だ。書籍『恐れのない組織――「心理的安全性」が学習・イノベーション・成長をもたらす』の副題のとおり、「心理的安全性」が注目されている[6)]。組織のなかで、構成員が安心して（＝不安を抱かずに）自分の考えを発信できることだ。

ここでは、心理的安全性を高める授業環境づくりの3つの工夫を紹介する。一つ目は、単純な質問から始める。二つ目は、ある程度発言のルールを決める。そして三つ目は、傾聴である。

(1) 単純な質問から始める

円滑な会話や効果的なインタビューの手法でよくいわれることだが、最初から難しい質問をするのではなく、答えやすい問いから始める。これが一つ目の工夫である。国際関係論のリアリズムとリベラリズムの違いを学生間で議論せよ、と初回の授業で問うことは無理がある。そこで、単純なイメージの共有から始める。

国際関係論における重要なテーマの一つは「戦争と平和」だ。戦争は初対面では議論しにくいだろう。そこで、まず「あなたにとって『平和』とは何ですか？」と質問してみる。このとき、何か専門的な回答を求められているのではないかと身構える学生もいるだろう。教員は、学術研究では「平和」に関するものは沢山あるが、今は専門知識を求めているのではないと前置きする。あくまで自分が「平和」をどう頭のなかに描いているか、どのような日常生活の一場面と結びつけているかを確認するためのものであること、正答があるわけではなく、他の人と違っていてよいことを説明する。

共有の方法もいくつかある。たとえば、アンケートにして、事前に回答を記入してもらい、教員がまとめる方法がある。この方法では、どの学生が何と答えたかは他の学生にはわからない。自分の匿名性を確保できる方が安心して答えられる場合もあるだろう。

次に、シンク・ペア・シェア（Think-Pair-Share）といって、まず一人で考え、２～３人の少人数グループで話し、最後にクラス全体で、各グループがメンバー同士何を話したかを共有する方法がある。学生は、一人で考えたことを突然クラス全体に発表するのは気が引けるかもしれない。その前段階として、隣の席の数名に話してみることができれば、「相手も自分と同じような考えをもっている」、あるいは「こんな違った意見もあるのか」と知ることができ、クラス全員の前で発表する心の準備ができる。自分の発言内容に不足がある場合に、同じグループのメンバーが助け舟を出してくれることもある。

その他に、コール・アンド・レスポンス（Call and Responce）がある。教員が「平和とは何ですか」と質問し、学生にその場で「平和」に関係する簡単なキーワードを出してもらう。オンライン授業なら、Zoomのチャットボックスに一斉に書き込んでもらう。学生にとって、導入段階で長い回答を書き込むことは難しいかもしれない。その前に、平和と聞いて自分がイメージするキーワード（例：平和の象徴としての「ハト」、「友情」や「家族」、あるいは「安全」、「自然」、「静寂」）だけを書く方が心理的なハードルは低い。

教員は、学生の意見をまとめたくなるが、収束させるまえに十分に発散させることがワークショップを成功させる鍵でもある。かつ、発散させたアイデアに目を配り、少数派の意見にも耳を傾け、興味をもっている、面白いと肯定的に捉えていることを、教員自身が示していくことが重要になる。よって、ここで提示された異なるアイデアを参加者に時間をかけて紹介することも教員の役割である。そうすることで、学生は自分の意見が授業に取り入れられていると実感し、その後の授業でも発言しやすくなる。また、学生自身、「自分の平和のイメージとは全く異なるイメージがあったが、理由を聞いてみると納得できるものであり、これまでとは違った平和のイメージを抱くようになった」と、学生同士の学びのきっかけにもなる。

最初に単純な質問をすることは、振り返りにも役立つ。学期の中盤では、国際関係論の重要な概念や理論を学ぶ。その後、学期の最後に、自分の原点ともいえる最初のイメージに立ち返ってもらう。すると、最初に自分が抱いた「平和」のイメージと、一学期の間に学習して得た知識をもって抱く「平和」のイメージとで変化があったかを確認することができる。「この講義のはじめに『平和とは何か』を挙げていただきました。今振り返ってみて、そのときの『平和』と、講義を終えた今説明できる『平和』はどう違っているでしょうか」。こう尋ねると、学生は「学術的な平和の概念を説明できる」「平和への課題を抱える国の事例研究を行うことで、国にとっての平和、ローカルなレベルでの平和、その他の平和のための課題を議論できる」あるいは「自分が最初に抱いた平和のイメージを学術的議論にあてはめるとこう説明できる」などと、自分自身の学びを振り返った。今回は筆者の専門分野と絡めて「平和」を中心に話を展開しているが、別のキーワードでも応用可能だろう。

(2) 発言方法をある程度ルールで決める

授業の導入段階では、何を発言するか、ある程度ルールを決めておくことも一案だ。『問いかけの作法』でも、「問いかけの基本定石」として、参加者の個性を尊重したり、遊び心を含める以外に「適度に制約をかけ、考えるきっかけをつくる」があるが[7]、発言方法のルール化も関係するだろう。

Zoomのブレイクアウトルームで学生間で議論をしてもらうときには、自己紹介を「苗字のアルファベット順で行いましょう」などの簡単なルールが、無言の時間を最小限にする。既出のコール・アンド・レスポンスも、キーワードのみの回答を求める点で、発言のルール化といえるだろう。

他にも、筆者が『ワークショップデザイン』を読んで取り入れるようになったワークショップでの発言の仕方にワンストライク・ワンボール・ルールがある[8)]。野球のストライクとボールからきており、ワンストライクは良い点、ワンボールは疑問点や改善案を意味する。ある学生が調べた成果を発表する際、他の学生には、このルールに沿って、「発表で良かった点、それから質問や改善案」の順に発言してもらう。ルールがあれば発言する際の心の準備ができる学生もいる。

ワンストライク・ワンボール・ルールを採用した背景には、別の理由もある。人間の心理として、自分の発表の良い点を評価されれば、その後に続く批判、質問、改善案などにも耳を素直に傾ける気持ちになるだろう。辛らつな指摘から始まれば、誰もが耳をふさぎたくなるのは自然なことだ。学会などでは、ときには必要な攻防戦があるかもしれない。しかし、多様な学生が集まる学部の授業では、学生間で、報告が聞き手に受け止められること、前向きな雰囲気が醸成されることも、学生の主体的な学びを促すうえで、重要な要素ではないかと考える。他にも、良い点ではじめ、改善点を指摘し、良い点で終わるサンドイッチ型のコメントを用いるのも一案だ。

もちろん、発言すること自体にハードルを感じる学生もある。あるいは、発言してほしいと挙手を求めると、少数の特定の学生は手を挙げるが、他の学生は沈黙を貫く場合もある。こうした雰囲気がある場合には、最初から挙手による発言を求めるのではなく、既述のとおり、アンケート方式や、学習管理システム（LMS）やオンラインツールに「書き込む」ルールとするのも一案である。

SNSの発達により、短い文章をオンラインで書き込むことに慣れている傾向がある学生たちにとっては、書き込み形式の方が安心なことがある。アンケート方式では自分の回答の秘匿性は確保されるが、反面、他の履修者の回答ぶりはわからない。コール・アンド・レスポンスでその場で一斉に書き込んでもらうと、自分の回答も相手の回答も一斉に表示される。「いっせいの」で書き込むときは、アトラクションを体験しているようなドキドキした気分になることもある。回答する直前は、自分だけがトンチンカンな回答をしてしまわないかなど不安もあるかもしれないが、書いた後にはこんな回答があるのかと盛り上がりにつながることもある。回答をまとめる教員にとっても、大人数の授業で各学生の意見を知るうえでは、書き込んでもらう方が、大人数の学生の意見を把握しやすいという利点もある。

なお、アンケートに書き込んでもらった結果は、教員だけの確認材料とせず、できるだけ学生にも共有することが、その後の円滑な参加型授業にもつながる鍵だろう。再度「平和とは何か」の例に戻る。「家族や友人と、面と向かって『平和』について話す機会はないが、自分にとっては『誰にも邪魔されずに自分の好きなことができる』というのが平和だといえた（書けた）」、反対に「孤独は平和ではないと考えていたが、一人の自由な時間こそ平和だという考えもあるのかと、今までの固定観念を覆された」といった学生のコメントもあった。あるいは、新型コロナウイルスの感染拡大により、「社会情勢など外側の平和はどうすることもできないが、自分の内なる平和はコントロールできるのではないか」など、世界的な危機を前に平和を捉え直した学生もいた。

これらはいずれも導入段階で、学生が自由で活発な議論をする際に、周りの様子が気になってしまったり、自分の発言に自信がもてない場合には、ある程度有効な手段である。とはいえ、教員側がルールを設定することは、学生の自由度の幅を狭めていることでもある、ということに、教員は意識的である必要がある。ワークショップ型の授業の醍醐味は学生の主体的な学びであり、自由度の高さが確保されるべきである。授業を進めるにつれて、こうしたルールを用いず、教員の介入は少なく、学生間でやりとりできる活動の時間を長く、内容を濃くしていくことも、学生の主体的な学習の発展に重要である。あるいは、最初から自由な議論ができる雰囲気があるならば、無理にこうしたルールで学生を縛る必要はないことを付記しておく。本章では、導入段階や導入レベルでの授業展開を念頭に置いている。自由度を高めたワークショップ型の授業展開の工夫については、第5章、第6章を参照されたい。

(3) 傾聴

私たちは発信することを鍛えられるが、聞くことは鍛えられていない。SNSに書き込むこと、手をあげて意見をいうこと、プレゼンテーションをすること、レポートを書くことも発信である。しかし、相手の話を聞くことは、どうだろう。筆者は、聞くという訓練を受けた経験がほとんどない。本書編者の上杉は、『ワークショップで学ぶ紛争解決と平和構築』のなかで、留学時代にtake turns ではなく give turns を推進したというエピソードを残している[9)]。我先にと手をあげて発言する雰囲気が出来上がっていたのに対して、一人ひとりの意見を聞こうと、「聞く（聴く）」雰囲気に変えたそうだ。同書の共編者であった筆者にとって、このエピソードを知って以来、「聞く（聴く）」は、仕事でも日常でも、重要なテーマの一つであり続けてきた。

「聞いてもらえない」と感じることほど寂しいことはない。「聞いてもらえない」問題は、社会でも注目されている。「聞く」に注目した翻訳書に『LISTEN』がある[10)]。原題は *You're Not Listening* で、私たちが「聞いていない」ことが問題として示されている。同書の「監訳者はじめに」では、「聞く」にも2種類あり、相手が語る内容を、自分の考えとあっているか違うか判断しながら「聞く」ことと、自分の意見は脇に置いておいて相手が話す内容だけに意識を集中する「聴く」があると説明されている。大学の授業では、どちらかというと前者の「聞く」の方が行われがちだが、時には「聴く」も重要だろう。つまり、話し手が「自分の言っていることがきちんと聞（聴）き手のなかで咀嚼されている」と思える環境づくりが大切なのである。

話が前後するが、既述のワンストライク・ワンボール・ルールにおけるワンストライクで、相手の発表の良い点を評価する際に、「聴く」ことができているとより良いコメントになる。もちろん、こうしたルールなく「聴く」ことが理想だが、「聴く」練習のために、自分のコメントの仕方に意識を向けてみよう。後段のワンボールの部分にあたる、報告者の発表をさらに前に進めるような建設的批判や質問も大切だが、報告者が「聴いてもらえた」と感じるかどうかも同じくらい重要だ。

「聴く」姿勢が、心理的安全性の高い授業を生むのではないか、という仮説をもって、筆者は授業運営の際にも「聴く」姿勢を意識することがある。たとえば、学生にとっての「平和」のイメージを聞いて、「積極的平和」あるいは「消極的平和」に分類できますね、と教員が導入段階で解説することは適切か。このような教員の指摘は、学生にとって、学術的な議論を理解する手助けになるかもしれない。ただし、これは「聞く」であり、「聴く」になっていない。自分の発言は授業の材料に使われただけではないか、と学生が受け止める可能性がある。教員は急がずに、「なるほど、これまであまり考えたことがなかったのですが、そういう平和のイメージもありますね。○○について詳しく教えてください……」と質問を重ね、平和のイメージを「聴く」ことが、翻って学生にとっての平和の解像度を上げる機会になるかもしれない。

ここで英語のハードルに直面する学生もいるが、発言する際に止まってしまっても待つ姿勢、発言者が他の学生から助けをもらってもよい、あるいは多少脱線してもよい雰囲気づくりを心掛ける。ジェンダーの課題を考えていたある学生は、「『女子力』という言葉にある課題を説明したいが、定義をうまく説明できない」と悩みを打ち明けた。英語で問題なく議論できる学生であったが、日本語特有の表現を英語で説明することが難しかったようだ。教員側から他の学生にも声をかけて一緒に考えてみた。すると今読んでいる本が「女子力」と関係していると、英語は苦手だといいながらも熱心に心理学の本を紹介してくれた学生がいた。

オンライン授業では、耳を傾けることは対面授業よりも難しい。同じ空間にいれば、あの学生は何か発言したいようだ、学生が頷いている、首をかしげて疑問があるようだ、とわかる。オンライン上では、こうした雰囲気が把握しにくい。よって、対面よりも注意深く「聴く」ことが求められる。筆者は、コロナ禍では、「聴く」ことに時間を使うことにした。教員側で話そうと思っていたことが多少話せなければ、次回あるいは別の機会に回せばよい。それよりも、孤立しがちな学生が互いに意思疎通ができることの方が、学生にとっても重要だと判断した。学生からは「この授業では、自分の話を聞いて（聴いて）もらえたという感覚がある。オンライン授業でも、先生や学生が頷きながらメモをとっていたし、一人の学生の独壇場にならず、バランスよくさまざまな学生が発言できるような配慮や雰囲気作りがなされていた」というコメントをもらった。反面、このような授業運営にした結果、授業の進行は比較的遅めになった。

4. 国際関係論を学ぶ

第三のハードルにやっと辿り着いた。学生は皆、国際関係にまつわる様々な概念や歴史、あるいは理論と実践を学ぶために授業に出席している。難しい概念を前に、ハードルが高いと学生が感じるのは当然である。教科書に従って教員が説明するのは基本だが、学生がある概念を「理解した」といえるようになるには、一方的な講義で十分だろうか。

日本では、「グローバル人材」という表現がもてはやされてきたが、今日大事なのはグローバルな視点とローカルな視点を行ったり来たりして身の回りの課題から世界情勢まで考えられることだろう。いくら国際会議で新しい約束事ができても、国際会議をニュースで見るだけの人にとっては、あまりに自分たちの生活圏から遠く、自分たちには関係ないと感じてしまうかもしれない。外交官や国連職員にならない人々が、外交の場を理解するには、どうしたらよいだろうか。一般市民の感覚で国際的な話題を考えるには、どうしたらよいのか。反対に国際会議場で繰り広げられる議論を私たちの生活に引きつけるには、どうしたらよいか。筆者は、こんなことを考えながら授業を構築してきた。

本節では、そうした問いを学生が考えるきっかけづくりとしてのワークショップを紹介する。平和の概念を理解するワーク、外交官になってみるロールプレイ、国際人権に関するアクティビティ２つを簡単にまとめる。人権を守れ、と声高に叫ばれるが、大沼は、専門でない人にとっては「そうご立派なことをいわれてもねぇ」と思うのは当然であり、自分たちの生活感のなかで語りあい、行動する大切さを説いた[11]。同様に、筒井は、昨今のポピュリズムの台頭の一因は、人権というリベラルな国際エリートの価値観を「押しつけられた！」と、市民が感じてしまった点にあると指摘する[12]。米国の政治学者フクヤマも、エリートと市民のギャップを指摘する[13]。国際会議に集まるエリートは、「自分たちは文化を超越している」と自負する[14]。しかし、多くの人々は生まれ育った地元に根を下ろしたまま移動しないことや、伝統的な価値を重んじていることに、エリートたちは十分な考慮をしていない。

国際会議で何がどのように議論されているのかを知ることも大事だが、私たちが違った文化のなかで生活しているというローカルな感覚にも配慮しなければならない。国際人権の話に戻ると、筒井は、米国の人類学者メリーが提唱した「人権理念の土着化」を解決策に挙げる[15]。土着化（vernacularization）とは、その土地の言葉にする、その土地の言葉で話す、という意味である。メリーらは、女性の権利の土着化を研究した。たとえば、ナイジェリアや中国では、国際人権法を掲げずに、多くの人々にとって馴染みのある国内法のなかで人権がどう守れるかを議論し改善が図られた。「国際的にはこうだ」というのではなく、自分たちの生活のなかで考えても、これは改善すべきではないか、という論理構成が大事だとする。

国際関係の授業では、国際的な議論を理解できるような内容を取り入れる一方で、国際会議場で議論される話題を自分たちの生活に引きつけて考える機会も必要ではないか。

以上のようなことを考えながら実施してきた授業の具体例を、90～100分の授業1回完結型のワークショップを用いて説明する。

(1) 概念を理解するためのワークショップ

本章で、すでに「平和」を取り上げたので、関連する「消極的平和」と「積極的平和」という概念を、実際に授業で、どのように紹介したかを説明しよう。簡単に定義すれば、消極的平和とは戦争や物理的な身体への攻撃を意味する暴力がない状態であり、積極的平和とはそれ以上の平和、たとえば人々が教育を受けられ、基本的人権が守られる社会が実現されることを指す。講義で教員にこう説明されれば、学生は「そういうものか」と思って授業を終えるだろう。アクティブ・ラーニングで、どう学べるだろうか。既述のとおり、学生に「平和」のキーワードを出してもらい、消極的平和と積極的平和に分類してみるのも一案だ。さらに進んで、学術論文をもとにした学生参加型の授業を解説する。

政治学者のディールは、次のように主張した[16)]。学術研究では戦争や暴力に関心が集まる傾向があるが、世の中では、消極的平和よりも積極的平和の方が注目されるようになっているので、平和の捉え方を変えるべきではないか。「世の中では、消極的平和よりも積極的平和の方が注目されるようになっている」根拠として、ノーベル平和賞の授与理由を分類してみると、第二次世界大戦後は、積極的平和に貢献した人に賞を授与する傾向があることを挙げた。たしかに、2004年の受賞者ワンガリ・マータイ、2006年の受賞者ムハマド・ユヌス、2007年の受賞者アル・ゴアと気候変動に関する政府間パネル(IPCC)、2014年の受賞者マララ・ユスフザイは、日本でもよく知られるが、いずれも積極的平和への貢献者である。

では、この傾向は今も続いているのだろうか？筆者は、この論文をもとに「新しい事例で再検証する」ことを授業に取り入れた。突然専門的な話になるが、「ある仮説を新しい事例で再検証する」というのは、王道の研究方法の一つだ。ここでの仮説は、ディールが指摘した、「世の中では、消極的平和よりも積極的平和の方が注目されるようになっている」であり、その指標は各年のノーベル平和賞授与理由である。ディールが分析の対象としたのは、1901年から2015年の範囲だった。では、この範囲に含まれていない、2016年以降のノーベル平和賞で、同じことがいえるだろうか？

表1　2016年から2022年のノーベル平和賞と平和の分類

年	受賞者・受賞理由	ディールによる分類
2016	フアン・マヌエル・サントス・コロンビア大統領 同国での50年以上にわたる内戦を終結させる不断の努力を行った。	消極的平和
2017	核兵器廃絶国際キャンペーン（ICAN） 核兵器のいかなる使用も人道的大惨事を引き起こすことに注目を集め、核兵器禁止条約の締結に向け、不断の努力を行った。	消極的平和
2018	デニ・ムクウェゲ、ナディヤ・ムラド 性暴力が戦争や武力紛争の武器として使われることを終焉させようと努力した。[17]	消極的平和
2019	アビー・アハメド・アリ・エチオピア首相 平和の達成、国際協力の努力、とりわけ隣国エリトリアとの国境紛争解決のため、行動力あるイニシアチブをとった。	消極的平和
2020	世界食糧計画（WFP） 飢餓と闘う努力、紛争影響地域の平和のための条件の改善、紛争の武器として飢餓を利用させないための原動力としての役割を果たした。[18]	消極的平和と積極的平和 消極的：武力紛争の文脈 積極的：飢餓への対応
2021	マリア・レッサ、ドミトリー・ムラトフ 民主主義と持続的平和の前提条件である表現の自由の守護者としての役割を果たした。	積極的平和
2022	ベラルーシの人権活動家のアレシ・ビャリャツキ、ロシアの人権団体「メモリアル」、ウクライナの人権団体「市民自由センター」 基本的人権の保護、戦争犯罪や人権侵害および力の濫用を長年にわたり記録した。	消極的平和と積極的平和

（出所）ノーベル委員会ウェブサイトを参考に筆者作成

学生に以上の前提を話し、2016年から2022年の7回分の受賞者と受賞理由を提示した（表1の左2列）。3〜4人のグループで分類を試みてもらった。グループ内でも、クラス内でも、答えが綺麗に揃うものもあれば、意見が分かれるものもあった。たとえば、コンゴ民主共和国のデニ・ムクウェゲ医師は、紛争下で性的暴力被害に遭った女性の治療にあたる。これは消極的平和と積極的平和、どちらへの貢献か。ディール本人に確認をとったところ、表1の右列のような回答を得た。興味深いことに、2016年から2022年の7年間では、ディールの回答を集計すると「消極的平和」に対する授与の方が若干多い。7回の賞を分類するだけでは、傾向を把握できたとはいえないが、学生が作業を自ら行うことで、シンプルな概念の理解を深め、社会に考えを巡らせることができる。次のノーベル平和賞は消極的平和と積極的平和どちらへの貢献に授与されるのだろう。どのような人や団体が候補者になるのだろう。なぜ授与されたのだろう。世界の様々な平和への課題についてアンテナを張れる。

このワークは「平和」以外の概念にも応用可能だ。ある概念を分析した過去の論文をもとに、新しい事例を用いて仮説を再検証し、概念の理解を深める授業を、教員のオリジナル授業として準備できる。

(2) ロールプレイ型ワークショップ

ロールプレイとして、各国の政府代表になって交渉を行うのもワークショップ型授業の醍醐味だ。一方、国際的な話題を自分の生活に近づけてみることもできる。以下では、①で首脳会議の応答要領作成、②で国際人権について自分目線で考えるワークショップを紹介する。

①首脳会談、外相会議における発言応答要領を考える

授業実施回の前に、日本とある国で、あるいはA国とB国という二国間で首脳会談や外相会議が開催されたなら、会談内容を分析してみたり、発言応答要領を考えてみたりするのも面白いだろう。多くの場合、政府のプレスリリースやメディアの報道で、どのような内容が二国間で話されたのかは、おおよそ明らかになる。こうしたヒントを参考に、学生はある国の外務省職員になったつもりで、首脳会談や外相会議前に、会議準備中と想定して、発言応答要領を作

成してみよう。なお、このエクササイズは、ゲスト講師として招聘した外交官から学生中心の学習のアイデアとして提案いただいたものである（図１参照）。

首脳や閣僚級の会談では、各国の代表がその場の思いつきで発言しているわけではない。外務省や関係省庁も含め、入念な準備のうえで会談が開催される。日本の外務省では、サブ（サブスタンス）といって、会議前の下調べや発言応答要領を考えるチームと、ロジ（ロジスティック）といって、渡航・宿泊手続きや移動、会場準備等を行うチームがトップ会談を支えている。舞台裏を説明したうえで、学生がサブを担当すると想定し、会談に向けて発言応答要領を作成してみる。会談相手のバックグラウンド、国内での立ち位置、国内政策や外交政策を掲げているかなどを調べる。自分たちの国に友好的か、課題を抱えているか。首脳会談では、どのように会話を始めるのか。優先的に何を話すことが相手にとって望ましく、自分の国にとっても重要なのか。相手国が触れてほしくない問題について触れるのか、どのような言い回しをするのか。A 国と B 国に学生を分けて作業をし、実際に会談までやってみれば、違った視点で異なる気づきが得られるだろう。

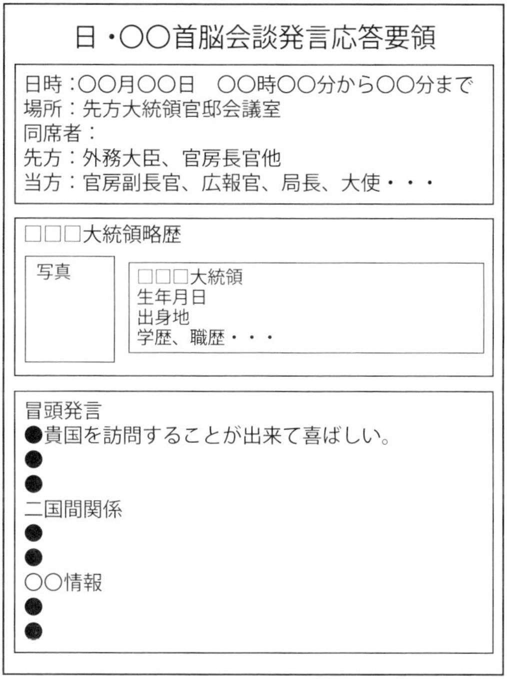

図１　首脳会談応答要領のイメージ
（出所）外務省関係者の助言をもとに筆者作成

以上のような外交の舞台裏を考えてみることで、日々ニュースで触れる外交や会談内容も、具体的なイメージを膨らませて読むことができる。

②世界人権宣言を手に自分の住む地球と地域を考える

導入レベルの授業では、子どもから大人まで利用可能な教材を用いた、簡単なアクティビティを取り入れることがある。今回は、基本的人権を考えるうえで基礎となっている世界人権宣言を用いた授業のアイデアを紹介する。

新惑星

このワークショップでは、世界人権宣言を片手に、学生が新しい惑星に導入すべき権利を話しあう。世界人権宣言の起草者たちが、なぜ特定の権利を考え出したのか、今日考えるべき新しい権利はあるか、など考えを巡らせることができる。このワークショップは、国際人権の基礎、あるいは世界人権宣言の成り立ちについての教員による講義の後に行う。

準備するものは、世界人権宣言の文面、または世界人権宣言の各条項を○○の権利などと短く列挙したリスト、A4用紙とペン（あるいはオンライン・ホワイトボード）である。3～4人で1グループに分け、シナリオを提示する。「新しい惑星が発見されました。人間が生活できる条件は整っています。まだ誰も住んだことがなく、法律、ルール、歴史はありません。あなたは、グループの仲間とともに、最初の居住者となり、この惑星で人間が生活していけるよう、人権規則を整備することになりました。あなたが移住後どのような身分となるかはわかっていません」（図2参照）。

A New Planet
A small new planet has been discovered that has everything needed to sustain human life. No one has ever lived there. There are no laws, no rules, and no history. You will all be settlers here and in preparation your group has been appointed to draw up the bill of rights for this all-new planet. You do not know what position you will have in this country.

図2 「新惑星」の説明文とイメージ
（出所）Flowers ed., 1998をもとに筆者作成

各グループは、自分たちの惑星に名前を付ける。自分ごと化するという目的と、他のグループと判別する目的がある。次に、世界人権宣言から、あるいは世界人権宣言にないが必要、と考える権利を10項目選択する。グループ内で、なぜその権利が新惑星に必要なのかをまとめ、クラス討議に備える。その後、クラス全体で、各グループの新惑星では、どのような10の権利が選ばれたのかを、黒板やオンライン・ホワイトボードでまとめる。

振り返りの問いの例として、次のようなものがある。なぜあるグループが選んだ権利を他のグループは選ばなかったのか。自由権と社会権とでは、どちらが多いか。世界人権宣言の内容は、すべて大事だといわれるが、10項目に絞れたか。新しく創出した権利は何か、なぜ必要なのか。学生からは、10しか選べないシナリオだったので、類似の複数の権利を一つにまとめたと、工夫が提示された。他には、1948年の世界人権宣言ではデジタル上の人権への配慮は不十分ではないか、と学生から指摘があった。

「今日のワークショップでは新しい惑星で導入すべき権利を考えましょう」というと、学生の頭の上には「？」が並ぶが、授業が終わるころには、学生だけで議論が盛り上がっている。既存の条約に縛られるばかりでない。たとえば、「新しい惑星に移住者たちが共同体を立ち上げることになったとして、その共同体に『所属する権利』を考えるのはどうだろう？」「その弊害はあるか？」と対話が自然に進んだ。世界人権宣言の起草者たちは、歴史的な人権関連文書を参考に、こういう風に宣言を起草していったのかもしれない、というと、学生たちも「より具体的にイメージできた」と応じた。自分たちが新たに住む惑星にどのような権利が認められるべきか、という問いは、学生たちが自分たち目線で人権を考えるきっかけになった。

自分の街の地図を描こう

次に、自分ごととしての人権を考えるという意味で実施している、「自分の街の地図を描こう」というワークショップを紹介する。

準備物は、A4用紙とペン（オンライン・ホワイトボード）、世界人権宣言のリストである。クラスを1グループ3～4人に分ける。90～100分を5段階に分ける。

第一段階では、各グループで自分たちが住みたいと思う街の地図を描いてもらう。グループ内で、たとえば「環境に優しい」などテーマを決めると描きやすいだろう。自分ごと化するために、地図内に自分の名前を書いた家を描くように指示する。それ以外に、地図内のコミュニティーで生活を完結させられるように、あったらいいなと思う建物や空間、あるいは、なければ生活できないと考える施設を書き込んでもらう。グループ・メンバーの間のアイスブレイクにもよく、学生は和気あいあいと地図を作成する。なお、この段階では人権については考えず、あくまで自分が住みたい街を考えるように伝える。

第二段階では、世界人権宣言と照らし合わせて、地図に描いた街のどの建物や空間で、⑴どの条項が守られているかを確認し、⑵どのような施設や場所を描き足せば、さらにどの条項が守られやすくなるかを考える。学生たちは、第二段階を経て、人権を守る施設に、どのような物があるかを確認する。

第三段階で、特定のマイノリティーの権利について、教員が10分程度の簡単なミニ講義を行う。たとえば、子どもの権利を取り上げる。その後、学生たちは「子ども」の権利の視点から、この街を評価する。本当に子どもにとって生活しやすい街といえるだろうか、と考えるのだ。

第四段階で、学生にもう一度地図を見てもらい、第二段階と同様に、子どもの権利が守られる施設や空間の特定や描き加えるべき場所も考えてもらう。

第五段階で振り返りに入る。学生からは、次のようなコメントがあった。「世界人権宣言と地図を照らし合せた段階で、これで人権に配慮した街になったと思ったが、子どもの権利のミニ講義を聞いて子どもに十分配慮できていないと愕然とした。」「『子ども』は他の人びと、たとえば『難民』に置き換えても考えられるのではないか。」「地図には施設や場所は描けるが、人権の理念を実践するのは人である。地図で人権を守る街を描いても限界があるのではないか。」自分の視点を見つめ直したり、ワークショップの新しい活用方法や限界まで思考が進むのは、「頭がアクティブな」学習といえる。

このワークショップは、コスモポリタンな人の話題と考えられがちな世界人権宣言や国際人権規約などについての話を、一人の住民の視点から考えられる利点もある。これから社会に出る学生たちが、地域で、会社や組織の事業で、人権を考えることがあるだろう。自分の生活から国際関係までつないで想像できるのは、ワークショップ型授業の醍醐味だ（次頁図3参照）。

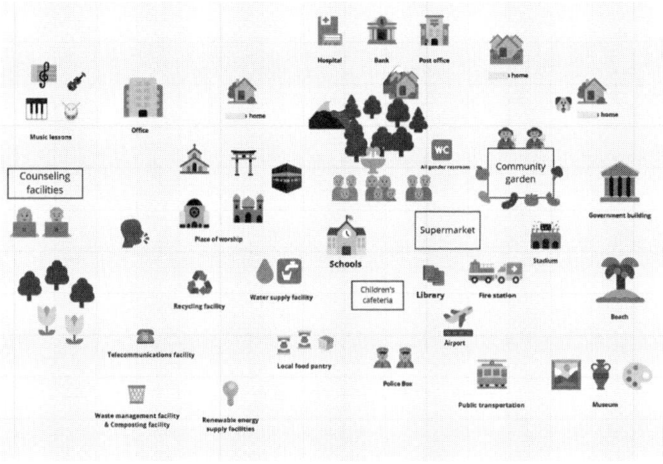

図3　オンライン・ホワイトボードで作成した地図の例
（出所）筆者担当授業内で学生が作成したもの

(3) オンライン・ワークショップの限界

オンライン授業では、ワークショップの限界を感じる場面や、対面だからこそ有意義だと感じることもあった。たとえば、国際協力機構（JICA）の研修などで用いられる「ウーリーシンキング」が、これにあたる。ウーリーシンキングでは、あるテーマで10程度のキーワードをつくり、一つのキーワードを他のキーワードと毛糸で繋げていく。たとえば「持続可能な開発」をテーマとした場合に、環境、労働、ジェンダー、教育、平和…をキーワードとして挙げていく。学生のグループをキーワードごとに分け、各グループの代表は円になって椅子に座る。

次に、環境のグループは、教育との関係で環境教育（環境汚染や自然保護）の重要性を教育のグループに説く。教育グループに納得してもらえれば、環境グループは毛糸を教育グループの椅子に周りをぐるりと一周させて帰ってくる。同じ趣旨の行動を他のグループと進めていく。教員は、できるだけ多くのグループとの関係性を見出すように、学生たちに促す。毛糸が絡み合い、いかに多くの課題が複雑に絡み合っているかを可視化できるため、一見関係のなさそうな課題の関係を考えるきっかけになる（次頁図4参照）。

最後に、毛糸を元に戻すという作業を行う。すると無理に引っ張れば、あるところで毛糸がきつくなるというしわ寄せが起こったり、あまりに多くの毛糸が絡み合っているために、元に戻せなかったりする。筆者はキーワードに「お金」を入れるようにしている。多くのことにお金は絡んでくる。お金の問題を解決しない限り、他の問題も解決できない……そんな、現実にも起こるような事態が目の前で発生するのは、学生だけでなく教員にとっても興味深い。

以上は、対面で行うからわかるのであって、オンラインで代替できるものではない。学生から、ワークショップは対面で行いたい、という正直なコメントを受けたこともある。もちろん、ワークショップなら何でもできる、というわけでもないことにも注意が必要だ。

次頁表2は、講義と授業1回完結型ワークショップを組み合わせた「国際機構論」のシラバス例である。国連に焦点を当て、平和・安全保障、人権、開発の3つのテーマそれぞれを授業4回分にあて、各テーマに1、2回ほどワークショップを取り入れる。講義のなかにワークショップを何度か組み込むことで、講義内容への関心を高め、理解を深めることを目的としている。

図4　ウーリーシンキングのイメージ（早稲田大学国際教養学部の授業風景） 上杉勇司撮影

表2　国際機構論：理論と実践のシラバス例（学部1-2年生向け）

1	導入	なぜ国際機構論を学ぶのか
2	平和・安全保障（1）	様々な平和と安全保障 ミニ・ワークショップ「平和とは何か」
3	平和・安全保障（2）	国連平和活動の歴史
4	平和・安全保障（3）	国連平和活動の現代的課題
5	平和・安全保障（4）	その他の平和・安全保障の課題
6	人権（1）	国際人権に関する歴史
7	人権（2）	ワークショップ：新惑星
8	人権（3）	国際機関、国家、NGO、専門家、メディア、企業の役割
9	人権（4）	ワークショップ：自分の街の地図を描こう
10	開発（1）	開発に関する理論と実践の歴史
11	開発（2）	人間開発・ミレニアム開発目標
12	開発（3）	持続可能な開発と持続可能な開発目標（SDGs）
13	開発（4）	ワークショップ：SDGsに関するウーリーシンキング
14	総括	全体のまとめ、授業評価アンケート

（出所）Weiss et al., 2019を参照して筆者作成

5.　3つのハードルを乗り越える

本章では、「英語で」「ワークショップの手法を用いて」「国際関係論を学ぶ」ことを3つのハードルと設定し、これらをどう乗り越えようとしてきたか、筆者の経験や工夫、学生の反応を紹介した。導入レベルのワークショップは、きっかけづくりに過ぎない。授業を第一歩として、学生が日々のニュースにアンテナを張り、本や論文を読んでみたり、調査に出てみようと思うようになれば、火付け役、ファシリテーター、学びの演出家たる教員としてこれほど嬉しいことはない。ある学生から「ワークショップ型授業は余韻が残る。授業後も気になって考え続けてしまう」と感想を受けたことがある。綺麗な答えに辿り着かなくても、学生が「もっと知りたい」「さらに考えてみたい」と思えたら、きっかけづくりの導入ワークショップとしては成功といえるのではないか。

注

1) 渡部(2020)
2) 松下(2015)
3) 上杉・小林・仲本(2010)
4) 同上、p. 19
5) マーフィ(2021)
6) エドモンドソン(2021)
7) 安斎(2021)、p. 106
8) 堀・加藤(2008)
9) 上杉・小林・仲本(2010)
10) マーフィ(2021)
11) 大沼(2015) p. 224
12) 筒井(2022)
13) フクヤマ(2022)
14) 同上、pp. 248-249
15) 筒井(2022)
16) Diehl(2016)
17) 性暴力が戦争や武力紛争の武器とされるとは、たとえば、敵対勢力に対して性暴力を振るうことで、相手に恐怖を植えつけることを指す。
18) 飢餓が紛争の武器として使われるとは、紛争の結果として飢餓が生まれるのではなく、敵対勢力に対する補給路を断ち、相手を兵糧攻めにすることを指す。

参考文献

安斎勇樹(2021)『問いかけの作法—チームの魅力と才能を引き出す技術』ディスカヴァー・トゥウェンティワン。

上杉勇司・小林綾子・仲本千津編著(2010)『ワークショップで学ぶ紛争解決と平和構築』明石書店。

エドモンドソン, エイミー・C(村瀬俊朗・野津智子訳)(2021)『恐れのない組織—「心理的安全性」が学習・イノベーション・成長をもたらす』英治出版。

大沼保昭(江川紹子・聞き手)(2015)『「歴史認識」とは何か—対立の構図を超えて』中公新書。

筒井清輝(2022)『人権と国家—理念の力と国際政治の現実』岩波新書。

フクヤマ, フランシス(マチルデ・ファスティング編、山田文訳)(2022)『「歴史の終わり」の後で』中央公論新社。

堀公俊・加藤彰(2008)『ワークショップデザイン—知をつむぐ対話の場づくり』日本

経済新聞出版社。
マーフィ，ケイト（篠田真貴子監訳、松丸さとみ訳）(2021)『LISTEN―知性豊かで創造力がある人になれる』日経 BP。
松下佳代・京都大学高等教育研究開発推進センター編著 (2015)『ディープ・アクティブラーニング―大学授業を深化させるために』勁草書房。
渡部淳 (2020)『アクティブ・ラーニングとは何か』岩波新書。
Diehl, Paul F. (2016) Exploring peace: looking beyond war and negative peace. *International Studies Quarterly* 60(1): 1-10.
Flowers, Nancy ed. (1998) Human rights here and now: celebrating the universal declaration of human rights. Human Rights Educators' Network, Amnesty International USA, Human Rights Resource Center, University of Minnesota. http://hrlibrary.umn.edu/edumat/activities.shtm
Weiss, Thomas G., et al. (2019) *The United Nations and Changing World Politics* [English Edition]. Routledge.

付記：表1はディールより、3.⑵ の図1「首脳会談応答要領のイメージ」は外務省関係者より、3.⑵ ②のアクティビティー「新惑星」と「自分の街の地図を描こう」は、教材を公開する米国ミネソタ大学人権センターおよび編者のフラワーズが所属する Human Rights Educators USA より、本章への掲載許可を得た。以上協力してくださった方々、積極的に議論に参加した学生にも、記して感謝申し上げる。

第5章 オンライン・ロールプレイの学び

早稲田大学　上杉　勇司

1. コロナ禍でのオンライン・ワークショップ

2020年の春学期、新型コロナウイルスの世界的な感染が猛威を振るう。大学の授業は、対面式からインターネットを介したオンラインへの変更が強いられる。大型モニター、撮影用カメラとライト、高性能マイク、グリーンバック、スイッチャーを購入するとともに、Zoom（オンライン会議サービス）、Slack（オンライン・コミュニケーション・プラットフォーム）、Miro（オンライン・ホワイトボード）などのITツールを導入することになった。

それは対面式授業に慣れた私にとって新たな挑戦だった。私の授業では、学生を前に教員が一方的に講義をするのではなく、『ワークショップで学ぶ紛争解決と平和構築』で紹介したような学生が主体的に参加するワークショップ方式を採り入れていたからだ[1)]。

コロナ禍におけるオンライン授業においても学生参加型のワークショップ方式は継続しようと考えた。それは学びの場としてのワークショップの魅力を捨ててしまうのは、もったいないと思ったからだ。そこで、対面式を前提に構想されていたワークショップ方式の授業形態をオンラインでも実施できるように見直すことにした。このピンチをチャンスと捉えた。

本章では、その試行錯誤の過程で得られた気づきと教訓を共有する。なかでも、私が早稲田大学国際教養学部において英語で開講していた「紛争解決（Conflict Resolution）」に焦点を当てて、工夫、気づき、教訓を整理していく。この実践例から得られる教訓を糧に、大学における学びの展望を最後に論じてみたい。

2. 学びあう場としてのワークショップの魅力

ワークショップ方式を授業に採り入れることの最大の利点は、学生が教室内に作られた空間で、実社会の一面を疑似体験することができる点にある。教科書に書かれた理論や事例について座学を通じて知識として学ぶだけでなく、自らの体験を経ることで主体的に知恵として習得することが促される。また、正解がない現実の課題に対し、教室に集った学生たちが、互いにアイデアを出しあう。それぞれが自由な発想で話しあう。自分の経験をもとに自分の頭で考え、さらに解決策を他者との共同作業のなかで見出していく。ワークショップでは、これら実社会で求められるスキルを習得することができる。これが、学びあう場としてのワークショップの魅力だ[2)]。

本書の第４章で小林が整理しているとおり、国際関係論を学ぶうえでのワークショップの効用は、(1) 学生が国際関係を「自分ごと」として捉える、(2) 学生が授業の主役になれる、(3) 学生が当事者として現実社会を考えるきっかけとなる、の3つに集約できる。それら3点について、本章の焦点である「ロールプレイ」という手法に照らしあわせて、私が実際にコロナ禍で取り組んだオンライン授業を題材に論じていく。

ロールプレイは英語では role play と書く。つまり、役（role）を演じる（play）のだ。文部科学省のホームページには、ロールプレイングとして紹介されている。「ロールプレイングとは、学習者によって演技される短いドラマ」で、その価値は「現実の生活を模倣するところ」にある[3)]。現実に起こった事例や仮定の話を設定し、その場面に登場する組織や人物の役を学生たちに演じてもらう。

以下で紹介するロールプレイの実践例では、ミャンマー内戦における停戦交渉を事例に取り上げた（ミャンマーの事例については後述を参照）。アウンサンスーチー国家最高顧問やミンアウンフライン国軍総司令官といった主要な登場人物の役を学生たちが演じる。彼らは役を演じることを通じて停戦交渉を疑似体験し、そこから各登場人物の立場や思考過程、あるいは当事者たちが直面する制約などを学んでいく。

第一に、ロールプレイをすることで、学生たちは自分が演じる役の目を通して戦争と平和に関する諸問題を理解する機会を得る。和平交渉の当事者を演じながら学生たちは当事者の視点から問題解決を考える。その経験は、学生たちが国際関係論を自分と密接に関連する問題として捉えやすくするだろう。

第二に、ロールプレイを用いることで、学生たちが授業の主役になれる。ロールプレイでは、学生たちは積極的に考え、発言し、交渉を重ねる。受動的に講義を聞いているのとは訳が違う。学生たちは、主体的な関与を通じて、自ら気づき体得していく。ときに自分一人では考えつかなかったアイデアが、他者との対話を通じて発見されることもある。教員は、そういった場のお膳立てと学びのプロセスの管理を担う。学生たちの自発的な思考を助ける材料を提供し、彼らが自由な発想で考えられる環境を整えるのが教員の役割だ。

第三に、ロールプレイで得られた疑似体験によって高まった関心や問題意識を実社会での生活に活かしていく。そのためのノウハウ、スキル、知識をロールプレイでは身につけることができる。それは、学生自身が身近な社会問題を具体的に解決する手助けとなり、彼らが現実社会のなかで自分の役割を見出すきっかけとなるだろう。

ただし、以上のワークショップの効用は、対面授業でしか確認されていなかった。2020年春学期以降、コロナ禍で対面授業ができなくなった。そのため、オンライン授業のなかでワークショップを導入するための対策を講じ、実践してみることにした。次節では、その過程を実践例として紹介していく。

3. オンライン・ロールプレイの実践例

以下の実践例を理解するためにも、学生たちが学んだミャンマーの事例について、簡潔に説明しておこう。なお、ミャンマー内戦については、『紛争地の歩き方』で取り上げている[4]。関心のある向きは参照してほしい。

ミャンマー事例紹介

ミャンマーは東南アジアに位置し、第二次世界大戦中は日本軍が英国軍と対峙した。悪名高いインパール作戦（ウ号作戦）が敢行されたのはビルマ戦線だ。当時、英国の植民地だったビルマが戦後に独立を果たす。独立運動を指揮したビルマ独立義勇軍のアウンサン将軍は、もともと日本軍とともにビルマに進駐した。

このアウンサン将軍の娘がアウンサンスーチーである。アウンサンスーチーは1988年8月8日にビルマの民主化運動のリーダーに担がれた。1990年の選挙で国民民主連盟（National League for Democracy: NLD）が圧勝したものの、国軍がクーデターを起こし、その後は軍事政権が続く。軍事政権下でアウンサンスーチーは長らく自宅軟禁状態にあった。

しかし、2007年に国軍の元司令官だったテインセインが首相となり、民主化に向けた改革が始まる。2008年に新憲法が公布され、2010年の選挙の結果、退役したテインセインが軍事政権後の初代大統領に選ばれる。それまで軍事政権下で欧米諸国から受けてきた経済制裁が解かれる。日本ではミャンマーを「アジア最後のフロンティア」と呼び、経済支援や企業の進出が始まった。

2015年の選挙では、自宅軟禁を解かれたアウンサンスーチーを党首とするNLDが勝利し、民政移管が進む。続く2020年の選挙においてもNLDが圧勝した。この状況に危機感を抱いた国軍が、新政権の発足当日の2021年2月1日にクーデターを起こす。アウンサンスーチーらNLDの幹部が拘束されてしまう。

ここに国軍対民主化勢力というミャンマー内戦の第一の局面がある。国軍による圧制に抵抗し、SNSを通じて国軍批判や国際社会との連携を試みたZ世代がいる。国軍統制下で情報が規制されていたにもかかわらず、Z世代による発信や連帯の呼びかけによって、私たちはミャンマーの現実を知ることができた。

一方で、ミャンマー内戦には別の側面も存在する。多民族国家のミャンマーは、憲法で地位が認められている135の民族に分かれる。最大民族ビルマの支配から独立や自治を求めて、カレン、カチン、ワ、アラカン、モンなどの約20の少数民族が戦ってきた。これらは少数民族武装組織（Ethnic Armed Organization: EAO）と呼ばれ、2021年のクーデター前に国軍との停戦に応じていたEAOが約半数あった。クーデター後は、NLDと協力して国民統一政府（National Unity Government: NUG）に加わり、国軍に反旗を翻したEAOもあれば、国軍とNLDの権力闘争はビルマの内輪揉めと捉えて局外中立の立場を選んだEAOもある。

少数民族の権利に関連して、ミャンマーではロヒンギャと呼ばれるイスラム教徒の集団の処遇をめぐる問題が存在する。ロヒンギャは憲法に記載された135の少数民族には含まれていない。ミャンマー政府の公式見解では、ロヒンギャは隣国のバングラデシュからの不法移民だとしてきた。国軍によって弾圧を受けたロヒンギャは国外に逃れ、約100万人がバングラデシュ内の難民キャンプで暮らす。国連難民高等弁務官事務所（UNHCR）や国際移住機関（IOM）などの国際機関や国境なき医師団（MSF）などのNGOがロヒンギャ難民に対する支援を提供している。

2021年のクーデター後、ミャンマーが加盟する地域機構の東南アジア諸国連合（ASEAN）が事態の収拾のため奔走する。ASEANの介入により、ミンアウンフライン国軍総司令官が5項目合意（Five-Point Consensus）に応じた。他方で、日本や欧米諸国が経済制裁を課したものの、国連安全保障理事会では、ロシアや中国の反対により、ミャンマーに対して制裁措置を講じていない。中国やインドといったミャンマーと国境を接する地域大国は、ミャンマーに対する多額の投資もあり、また地政学的な計算もあって軍事政権との関係を維持している。

(1) 授業概要

以下の記述は、2021年4月に英語で開講した早稲田大学国際教養学部の「紛争解決（Conflict Resolution）」という上級生向けの4単位の科目に基づく。1コマ90分の授業を30回（実際には、午前中90分、午後90分、合計3時間を15週間）実施した。国際教養学部2～4年生の66名が受講した授業で、Zoomを用いてライブ配信型のオンライン形式により実施した。

この授業では、争いを止め、平和な社会を再構築するための理論や実例を学ぶ。特定の国内の紛争（内戦）を扱う場合もあるが、周辺国や国際社会が関与し、その影響は国境を越えて波及していく事例にも関心を払う。とりわけ、紛争解決と平和構築の過程における国際社会（大国、隣国、国連など）の関与を学ぶのが、国際関係論の特徴になる。

次頁の表1に示したとおり、15週間をかけてミャンマー内戦を題材に取り上げた。一貫してミャンマーを事例として取り上げることで、学生が段階を経て対象とするミャンマー内戦に関する知識を得られるように配慮した。

たとえば、第3週の紛争分析では、予習と午前中の授業で紛争分析の目的、各分析ツールの特徴、分析の方法などを説明し、午後の授業で、実際に分析ツールを用いて、ミャンマーの情勢分析を実施した。情勢分析に必要なミャンマーの状況に関する情報は、あらかじめ教員がオンデマンド教材として学生と共有するとともに、学生たちは必要に応じてインターネットの検索機能を使って追加の情報収集を試みた。

表1　授業日程（シラバスから抜粋）

週		内容
第1週	午前 午後	導入（概要説明、自己紹介、本授業に期待すること） チームビルディング「生存を賭けた決定」エクササイズ
第2週	午前 午後	紛争解決学総論（理論と実践） グループワーク（ミャンマー内戦の諸要因の理解）
第3週	午前 午後	紛争分析（分析ツール） グループワーク（ミャンマー情勢分析）
第4週	午前 午後	和平プロセス（交渉、仲裁） グループワーク（ミャンマー利害関係者分析）
第5週	午前 午後	平和維持（停戦監視、武装解除・動員解除・社会復帰） グループワーク（戦略的査定と介入計画策定）
第6週	午前 午後	学生発表（ミャンマー紛争への介入計画） 中間試験（学生の習熟度査定）と中間評価（学生からのフィードバック）
第7週	午前 午後	ロールプレイ準備（概要説明、配役発表） ロールプレイ冒頭演説原稿作成（ミャンマー停戦交渉）
第8週	午前 午後	ロールプレイ（第1日目） ロールプレイ（第2日目）
第9週	午前 午後	ロールプレイ（第3日目） ロールプレイ振り返り
第10週	午前 午後	平和構築（紛争後の権力分有、民主化選挙、市場経済の導入、和解） 国家建設（機構改革、治安部門改革、憲法制定、法の支配）
第11週	午前 午後	ローカル平和構築（現地社会の主体性、現地の文脈の重要性） ハイブリッド平和構築（現地主導と国際規範の摩擦）
第12週	午前 午後	ゲスト講師（国連平和活動局政務官） 期末プロジェクト（趣旨・課題説明）
第13週	終日	グループワーク（ミャンマー平和構築支援事業策定）
第14週	終日	学生発表（ミャンマー平和構築支援事業）
第15週	午前 午後	期末試験（学生の習熟度の確認） 事後評価（学生からのフィードバック）

（出所）筆者作成

学生の事後評価では、「ミャンマー内戦に関する理解度が高まった一方で、他の国際紛争についても授業で取り上げてほしかった」といった声もあった。しかし、ロールプレイをリアルに実施し、多くの気づきや学びを得るためには、一定の時間を必要とする。そのため、対面式、オンラインを問わず多数の事例を取り上げることは、時間的制約から困難である。

本章で紹介するロールプレイは、表1で編みかけした第7週目、第8週目、第9週目（6コマ分、合計9時間）で実施した。

(2) 使用したオンライン環境

ロールプレイに有益な理論的な話や分析枠組みなどは、事前に課題図書を提示した。さらに関連講義を撮影してオンデマンド教材として配信した。課題図書やオンデマンド教材は、早稲田大学が提供するオンライン授業支援システム（Waseda Moodle）を利用して、学生たちが自由に参照できるようになっている。学生は、予習として課題図書を読み、オンデマンド講義を視聴してから午前中のオンライン授業（ライブ配信）に臨む。どの学生が、どの教材にアクセスし、動画であれば何分視聴したのかを Waseda Moodle では確認できる。事前の予習が不十分な学生は、ロールプレイでも的確な働きができない。学生の予習態度をモニタリングして、注意を促したり、配役を考えたりした。

オンライン授業では、課題図書やオンデマンド講義に関する学生からの質問を受けつけ、教員が応答した。その後、教員から学生に向けて質問を投げかけ、Zoom の break-out room（以下、分科会）を用いて、学生を5～7名の班に分けて討議してもらう。その結果を plenary session（以下、全体会議）で報告することもした。午後は、原則として、午前中で学んだ内容を、グループ活動を通じて実践する時間とした。グループ活動には、Zoomの分科会とSlackのチャンネルを併用し、活動記録や成果物の作成には、Google Docs などのオンライン・ドキュメント・エディタ（オンライン上で、複数のユーザーが書類の作成や編集を実施できる）を活用した。

(3) ロールプレイ概要

ロールプレイの達成目標は3つ。第一に、ミャンマー紛争における主要な利害関係者の立場や主張を把握すること。第二に、それらを踏まえたうえで、停戦や和平の条件を探ること。第三に、停戦交渉を疑似体験する過程で、交渉や仲裁の技術を習得すること。

学生は、ロールプレイに先駆けて、交渉や仲裁の理論を予習した。たとえば、PINと呼ばれる当事者の意向を立場（position）・利害（interests）・ニーズ（needs）に分類する理論やBATNA（Best Alternative to Negotiated Agreement）と呼ばれる理論（代替案をもつことで不利な条件で合意することを防ぐ交渉術）を学生たちは学んだ。そしてロールプレイは、知識として学んだ理論を試してみる場とした。

学生の英語のレベル、社交性の度合い、リーダーシップの有無、学年や性別や出身を踏まえて、班編成をした。ロールプレイを、学期の中盤に実施することで、前半の授業履修状況から、学生の特徴や性格を見定める機会を設けた。英語での発言に躊躇いがなく、社交的で、指導力があり、面倒見のよい学生を班長として指名した。班長は、班内での師範代としての役割とロールプレイにおける主要な交渉担当者の役割を兼ねた。班長たちは、チームメンバーを指導し、率いることで、講義型の授業では得られない学びや気づきを得ることができた。

ロールプレイでは、ミャンマー内戦の主要な利害関係者を登場させ、学生に演じてもらう。国軍と国民統一政府（NUG）を主要な当事者として位置づけた。オブザーバーとして、少数民族武装組織（EAO）、ロヒンギャ、Z世代を配役した。NUGには国民民主連盟（NLD）に加えて、NUGに参加したEAOが含まれる設定とした。他方で、EAOは、NUGに参加していないアラカン軍やワ州連合軍を想定した。第三者として、中国、日本、ASEAN、国連の役を作った。さらに日本財団が国軍とNUGから停戦交渉の仲裁を任されたと仮定した。

ロールプレイを成功させる鍵は、学生による主体的な参加を確保することにある。そのためには、学生の交渉スタイルに応じた適材適所の配役が重要になってくる。利己的か利他的かを測定する30の設問を事前に学生に答えてもらい、各学生の交渉スタイルを判定する目安とした。利己的で相手のことを顧みない競合型（competing）、利己的でもあり利他的でもあるため妥協点を探ろうとする妥協型（compromising）、利己的でもあり利他的でもあるが妥協を必要としない第三の道を追求する協力型（collaborating）、利他的であるがゆえに譲歩を重ねてしまう譲歩型（accommodating）、そもそも対立関係になることを望まず交渉を回避しようとする回避型（avoiding）の５スタイルに学生たちを分類した（図1参照）。

たとえば、強硬姿勢を貫く国軍の役には競合型スタイルの学生をつけた。妥協型の学生はNUGの役、協力型の学生には第三者や仲裁役を割り振った。また、回避型の学生は局外中立の姿勢を貫くEAOのアラカン軍やワ州連合軍の役を、譲歩型の学生は、今回の設定において、その存在が軽視されてきたロヒンギャやZ世代の役を依頼した。

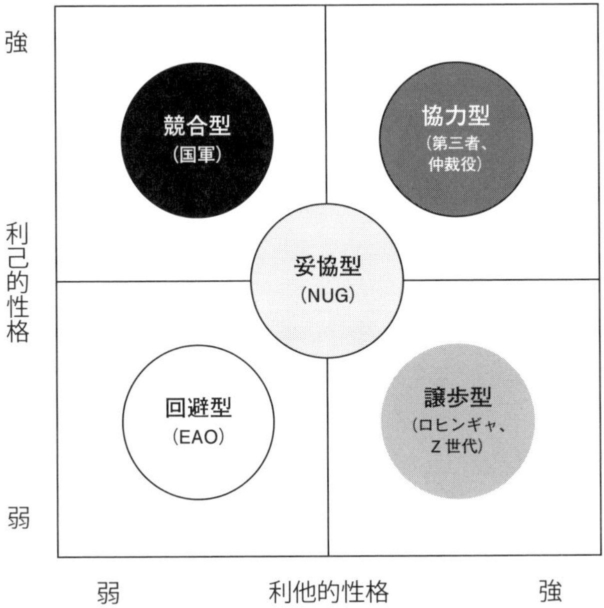

図1　交渉5スタイルに基づく配役
（出所）筆者作成

ロールプレイは、2021年4月21日にASEAN首脳会談で合意された「5項目合意（Five-Point Consensus）」に基づき、ミャンマー国内の利害関係者の間で停戦合意を結ぶ、という設定にした。また現実においてもASEANの特使や代表団による仲介の試みが頓挫していたため、日本財団が仲裁役を頼まれたこととし、ASEANや国連とともに対話プロセスを支援することにした（日本財団、ASEAN、国連を「仲裁チーム」と呼ぶ）。停戦合意が結ばれれば、ASEANと国連による共同PKOを派遣する用意があることも前提事項として付け加えた。

配役一覧

主要当事者	オブザーバー	第三者
国軍（8名）《競合型》 NUG（8名）《妥協型》	EAO（6名）《回避型》 Z世代（6名）《譲歩型》 ロヒンギャ（6名）《譲歩型》	日本財団（7名）《協力型》 ASEAN（7名）《協力型》 国連（6名）《協力型》 日本政府（6名）《協力型》 中国政府（6名）《協力型》

5項目合意（ASEAN首脳会談議長報告）
1. ミャンマーにおける暴力行為を即時停止し、全関係者が最大限の自制を行う。 2. ミャンマー国民の利益の観点から平和的解決策を模索するために、全関係者による建設的な対話を開始する。 3. ASEAN事務総長の補佐を受けたASEAN議長特使が対話プロセスを仲介する。 4. ASEANはAHAセンター[5]を通じ、人道的支援を提供する。 5. 特使と代表団はミャンマーを訪問し、全関係者と面談する。

(4) ロールプレイの進行

表2　進行スケジュール概要

週	コマ	ターン（Zoom形式）	活動内容
第7週目	1	全体会議	概要説明、配役発表（全体）
	2	分科会	冒頭演説原稿作成（各班ごと）
第8週目	3	1（全体会議）	冒頭演説（全体）
		2（分科会）	作戦会議（各班ごと）
	4	3（分科会）	朝食会議（オブザーバーによる交渉機会）
		4（分科会）	緊張緩和措置を議論（作業部会ごと）
第9週目	5	5（全体会議）	仲裁者から「枠組み合意案」の発表（全体）
		6（分科会）	作戦会議（各班ごと）
		7（分科会）	枠組み合意の形成（作業部会ごと）
	6	全体会議	枠組み合意の発表と振り返り（全体）

全体会議（Zoomを全員で視聴）、分科会（Zoomのbreak-out roomを使用）
（出所）筆者作成

ロールプレイには6コマを割り振った（1コマ90分間）。第1コマ目は概要説明や配役の発表などの準備に使う。第2コマ目は、各班に分かれて、自分に割り当てられた役についての共通認識を形成する作業に割く。具体的には、停戦交渉に臨むうえでの基本的な姿勢、何を望み、何が譲れないのか、などを学生に議論してもらう。PINやBATNAといった理論を議論の枠組みとして活用する機会と位置づけた。その結果を冒頭発言の原稿として取りまとめさせた。

第3コマ目から、本格的な停戦交渉が始まる。停戦交渉は全体会議と作業部会に分けた。全体会議は、日本財団を仲裁者と設定し、各班の班長が交渉を担当する。全体会議とは別に、①政治過程、②安全保障と安定化、③人道支援の3作業部会を立ち上げた。政治過程作業部会では日本財団が引き続き仲裁者となり、安全保障と安定化作業部会ではASEANが仲裁者に、人道支援作業部会では国連が仲裁者となって、話しあいを進行した。

なお、ロールプレイでは、場面が展開することをターンと呼ぶ。

第1ターンは、Zoomの全体会議を使用して各班長による冒頭発言を全員で視聴した。停戦交渉に集った各利害関係者の立場や主張が明らかになる。

第2ターンは、Zoomの分科会機能を使って、各班で話しあう。冒頭発言を受けて、争点や妥協可能な領域を探るのが目的だ。各利害関係者の冒頭発言を分析し、統一方針を確認し、交渉戦略を練る。

第3ターンは、「朝食会議」から始まる。朝食会議の設定は、次のように定めた。停戦交渉が始まる前に交渉担当者が朝食を取っているところに、オブザーバーや第三者が現れる。本会議では発言機会が少ないオブザーバーや第三者が非公式な形で交渉担当者に対して意見を述べたり、要望を伝えたりする機会として位置づけた。朝食会議は、作業部会別にZoomの分科会を用いた。

その後は、第4ターンとして、主要当事者間で作業部会を開催。達成目標は、緊張緩和措置について合意すること。仲裁チームが各作業部会での仲裁者となり、対立する当事者の間にある溝を埋めることを試みる。作業部会後、学生たちは各班に戻り、各作業部会での交渉結果を共有し、今後の方針を定める。その間に、仲裁チームは「枠組み合意」の草案を作成した。

第5ターンでは、仲裁チームから「枠組み合意」の草案が発表される。それを第6ターンで各班が分科会に分かれて検討する。受け入れるのか、修正提案をするのか、拒絶するのか、が議論される。内部調整を終えたのち、第7ターンとして、新たに作業部会が立ち上げられる。「枠組み合意」の草案をたたき台として各当事者が交渉を重ねていく。合意文章作成過程には、オブザーバーの参加を許すとともに、日本財団以外の第三者に対しても、共同議長の職責が与えられ、仲裁チームに加わって仲裁技能を試す。

最後の全体会議では、全員が合意した「枠組み合意」が仲裁チームから発表され、ロールプレイは終了となる。その後に、ロールプレイを振り返る時間を設けた。オブザーバーや第三者を演じた学生に学びのポイントを尋ねる。仲裁役には、紛争当事者間の意見の相違をどのように乗り越えようとしたのか、その結果はどうだったのか、交渉や仲裁の理論を援用できたか、などの自己分析を促す。紛争当事者役には、妥協を促したきっかけ、翻意が可能になった条件などを振り返ってもらう。

学生たちが作成した枠組み合意

1. 一般市民の犠牲をこれ以上増やさないため、国軍とNUGは即時停戦を実行に移す。
2. 停戦合意の履行を監視するために、ASEAN主導のPKO（ASEAN加盟国が人員を提供する非武装の停戦監視団で国連が資金を拠出）の派遣が認められる。
3. 国軍の同意のもと、AHAセンターや国連機関による人道支援の提供が認められる。
4. 国軍は1年以内に自由で公正な選挙を実施する。その選挙にはNLDも参加を許され、ASEANが監視することも認められる。

4. コロナ禍でのオンライン・ロールプレイの教訓

結論からいえば、ワークショップの効用は、工夫次第でオンライン授業でも維持できるものもあった。逆に、潔く諦めてしまうべきものもあった。総じていえば、オンライン・ロールプレイをはじめ、ワークショップ方式の授業はオンラインでも実施可能であるとの結論に達した。くわえて、対面式では得られなかった効用も発見した。一方で、オンライン授業にワークショップを導入したことで生まれた留意点や課題も見えてきた。そこで以下では、まず、どのような工夫を具体的に講じたのかを整理し、その後に副次効果、留意点、課題の3つに分けて報告していく。

(1) オンライン化に伴い講じた工夫

①体感エクササイズに代わるチームビルディング

コロナ禍前には、身体運動を伴う「紙の塔」というチームビルディングを実施していた[6)]。ロールプレイのなかで、自分たちが配役された特定の組織に属する同僚や同胞としての仲間意識を高めるためである。古新聞やセロハンテープなどの材料を各チームに配布し、与えられた材料を用いて自立型の高い塔を競って作ってもらう。チーム内では、試行錯誤や共同作業をするなかで、心理的な壁が取り除かれていく。チームメイトとの意思疎通が活性化する。塔の高さを競う過程で、チーム内での仲間意識が強化され、他のチームへの対抗意識が芽生えてくる。

こういった手作業を伴う「体感エクササイズ」は、オンラインで再現することは不可能だった。対策として、オンラインでできるチームビルディングを採用した。「生存を賭けた決定」という集団内の意思決定についてのエクササイズをオンラインで実施した。このエクササイズは、対面式でも実施していたものだ。しかし、「紙の塔」とは異なり、参加者が車座になって話しあいながら合意形成を体感するものであったため、オンラインとの親和性は高い。航空機の墜落事故に乗客として遭遇し、極寒の地で生き残るため、チョコレート、ウイスキー、ライター、新聞紙など12のアイテムの重要度を議論するという趣旨のエクササイズである。対面式のように膝を突きあわせて丁々発止とやりあうようにはいかなかったが、Zoomの分科会を使用することで対応可能だった。また、選んだアイテムによって得点が変わってくるというゲーム性を帯びているので、各チームで競いあうことができた。それによって、ある程度の仲間意識は醸成できた。

②コロナ対策としての学生の複数配置

コロナ禍で実施したため、ロールプレイ実施期間中に学生が発熱などの体調不良で欠席するリスクが高かった。ロールプレイで主要な当事者役が欠席してしまっては、話が進められない。そのリスクを軽減するため、各役には複数の学生を配置し、たとえ1～2名が欠席となっても穴が開かないように工夫した。このような措置は対面式に戻っても継続することにした。

③分科会機能を用いた作業部会制度

対面式では、交渉の舞台を一つに絞った。できるだけ多くの学生に交渉スキルを試す機会を作りたかったので、ターンごとに交渉担当者を交代させていた。そのため、自分の担当以外は、交渉過程を見守ることになっていた。他方、オンラインでは分科会機能が使えるため、交渉の舞台を3つ設けた。これにより学生は、複数ターンにまたがって交渉を続けることができた。結果として、一人当たりの交渉時間が増え、交渉スキルを磨くことができた。

(2) ICT技術の活用による副次効果

授業は教員だけでは成り立たない。ワークショップ授業の場合、学生が自律的・能動的に参加して、初めて有意義な授業となる。コロナ禍により、授業がオンライン化したことは、教員のみならず学生にも大きな負荷となった。にもかかわらず、学生の多くが、ICTを活用した新しい学習環境に柔軟に対応していた。新たなICTスキルを習得するという副次効果が得られた。なお、ICTは21世紀の重要なコンピテンシー（社会から求められる能力）である。

コロナ禍前は、課外のグループ活動は対面で実施していた。今時の学生は、就活、サークル活動、バイト、インターンシップなどで忙しく、全員が参加するための時間調整が困難だとの不満があった。コロナ禍により、就活の面接はオンライン化し、サークル活動、バイト、インターンシップもなくなった。学生たちは学業に専念できる環境が生まれた。

さらに、オンライン・ツールの発達により、遠隔での共同作業が可能となった。Google DocsやSlackなどのオンライン・プラットフォームを駆使して遠隔作業をすることがニューノーマルとなった。こうした状況下で共同作業を課せられた学生たちは、オンラインICTツールに詳しい者が不慣れな者に使い方を教えるなど、技術面での学生間支援（ピア・サポート）が活性化した。

現在では、コロナ禍前に戻り、学生は再び忙しくなった。とはいえ、ICTを活用した共同作業は対面式の授業のなかでも効果的に取り入れている。グループ活動の時間になると、学生たちは、教員に言われるまでもなく自発的にGoogle Docsなどのオンライン・プラットフォームを立ち上げるようになった。大多数の学生は教室にノートパソコンやタブレットを持ち込み、あるいはスマホを取り出して、常に「オンライン」の状態で授業を受けている。

学生による発言を重視した参加型授業の場合、対面式、オンラインを問わず、口頭での発言が得意な学生に発言機会が集中しがちになる。この傾向は、英語で開講される本授業では特に顕著だ。早稲田大学国際教養学部の学生は、基本的に英語力は高い。受験勉強を勝ち抜いてきた学生、英語圏での生活をしてきた学生、インターナショナル・スクール出身の学生、あるいは外国からの留学生など、多様なバックグランドをもった学生が集う。ただし、英語を母語とする人だからといって、英語を流暢に話して、他人の前で堂々と発言できるとは限らない。無口で恥ずかしがり屋な英国人、逆に明石家さんまのような日本人だっている。

学生のなかには、口頭での対人コミュニケーションに抵抗がある者も少なくない。とりわけ、コロナ禍で大学に入学してきた学生たちは、クラスメイトと一度も顔を合わせたことがない。見ず知らずの人たちの衆目を集めるなかで発言をしなくてはならなかった。対面式を経験してきた学生と比べ、さらに度胸が必要だったと思う。

ところが、面と向かって話すことはできないけれど、オンラインのチャット機能を利用したメッセージのやり取りには抵抗を感じない、といった学生の感想もあった。SNSに慣れ親しんだ現代の学生は、短文メッセージであれば、造作もなく書き込むことができる。口頭での会話と変わらない速度でメッセージを打ち込んでくる。したがって、Zoomのチャット機能のように、彼らが気軽に使えるコミュニケーションの場や脇道を作っておくことは、彼らの参加を促すうえで効果的だった。対面式の場合は、学生たちが聞きたいことや話したいことを自由に書ける「アイデア駐車場」を教室内に設けていた（ホワイトボードや模造紙）。挙手しての発言が苦手な学生や話が逸れることを遠慮する学生などに機会を与えるために設置している。こちらに比べて、チャットは離席する必要もなく、目立たずに発言できるので、利用率が高まった。

さらには、非言語表現の機会を作ることで、多様な学生の特性に寄り添った参加形態の選択肢を設けることができる。イラスト作画やITスキルなど、言語能力とは異なる能力が発揮できるといった副次効果も生まれた。これらは、オンラインICTツールを用いることの一つの効用だといえよう。

さらに、ICTを活用することの副次効果として、デジタル記録を残しやすくなった点を挙げたい。毎回の授業をZoomによって簡単に録画し、保存し、共有ができる。体調不良などで、欠席をせざるを得なかった学生や英語が苦手な学生は、Waseda Moodle上に共有された動画を自分のペースで、ときに繰り返し視聴して復習することで、遅れを取り戻す手助けにもなる。グループ活動の成果も、保存・共有・継承がしやすくなる。グループ内での議論の様子は、Slackのグループ・チャンネル内でのメッセージをフォローすることで、確認することもできる。先例が共有しやすいかたちで、デジタル記録として残るため、今年度に学生によって作成された成果物は、次年度の授業で参考例として紹介することもできるようになった。

想定外の効用として気がついた二点を共有する。まず、教室内で実施する対面式では、どうしても隣の声が漏れてしまうため、ロールプレイ中の作戦会議で内緒の話がしにくいという課題があった。これはオンラインでは解消された。分科会では入室した者しか交渉を聞くことができないからだ。交渉の秘匿性は高まり、オンラインで実施することの利点となった。また、対面式では、このような不便もあった。交渉が白熱してくれば、教室内に熱気が充満し、罵声が飛び交う。あるとき、隣の教室で授業をする教員から「うるさいので静かにしてほしい」と注意されてしまった。オンラインで実施すれば、隣の教室を気にする必要はない。学生の学びのための環境づくりに専念できる。

ロールプレイを対面式で実施する場合は、配役に応じて名札を作成する。学生が名札をつけることで、誰が誰の役を演じているのかを視覚化した。しかし、名札を忘れる学生がいたので、授業終了後に名札を回収し、翌週に再び配布するよう変更を強いられた。ただし、この作業は手間と時間がかかっていた。ところが、Zoomでのコミュニケーションでは、相手が誰の役を演じているのかを簡単に判別することができる。手順は次のようになる。まず、各学生の画面に表示される名前を役名に変更してもらう。そして背景に各組織の旗やロゴなど簡単に所属を判別できるものを設定してもらった（旗やロゴのデータは事前に学生に配布）。たとえば、中国の大使が発言しているとき、背景には中国の国旗を掲げ、名前をChinese Ambassador（中国大使）と表記することで、誰が発言しているのかが対面式より簡単に認識できるようになった。

(3) オンライン・コミュニケーションの留意点

オンライン・ロールプレイは、対面式とは異なり、全体を見まわし、状況を把握することが難しい。作業部会を分科会で実施すると、教員は各部会での議論の推移を把握できない。学生が手順を誤解していたり、何をすべきか十分に把握していない場合に、追加の指示を与えたりすることができなくなってしまう。教員が分科会を巡回してモニタリングする必要があるが、一人では十分な対応ができない。授業によっては補助教員（TA）を配置できるだろう。しかし、通常は1名の枠しかない。オンラインで複数の分科会を開いてしまうと1名では足りない。

対面式では、ジェスチャーや目線、ときには場の空気で、学生間の意思疎通が可能となる。しかし、オンライン・ワークショップでは非言語コミュニケーションの機会が失われてしまう。もちろん、対面式、オンラインを問わず、学生の参加を基盤とするワークショップ方式の授業では、教員と学生、あるいは学生同士の双方向コミュニケーションを喚起するための工夫は欠かせない。しかし、実際にオンライン環境下でロールプレイを採り入れてみて、対面式よりも学生間のコミュニケーションへの配慮の必要性を感じた。

対面によるワークショップでは、様々なエクササイズや休憩時間中に生まれる雑談などを通じ、学生たちは、ともに参加するメンバーの息遣いを感じることができる。特に課外での交流は重要だ。だから、授業の間に昼休みを挟む設定を意図的にしてきた。そのことで、同じ授業を受講している学生たちが、一緒に昼食を取ることを促し、互いのことを知りあう機会を増やすことができる。これを15週間繰り返すことで、学生たちは時空を共有しているという一体感を抱く。このような感覚は、学生間の協働関係の自発的な構築やコミュニティ意識の醸成に大きな役割を果たしてきたといえよう。

ところが、オンライン授業では、休憩時間中の雑談がない。昼食を一緒に食べることも許されない。教員の到着を待つ間の私語もない。よって、学生同士の横のコミュニケーションが限られてしまう。だから、雑談の時間を意図的に作る必要があると考えた。たとえば、グループ活動において本題に入る前に、グループ内で「チェックイン」といって簡単に、その日の気分などを話してもらうようにした。

くわえて、学生による自身の振り返りに多く時間を割く必要もある。学生が互いの発言に耳を傾け、それに対して発言を重ねる機会を多く設ける必要もあるだろう。教員は、話し手になるのを避け、できるだけ聴き役に徹するとよい。学生には、毎週授業の後に彼らが考えたこと、学んだこと、解決されなかった疑問などを、Slackを利用して振り返り、共有してもらった。授業中に口頭で発言することをためらう学生に対し、自分のペースで振り返り、それを文章として共有することで、授業に貢献する道を用意した。教員の立場からは、学生の習熟度を確認できるとともに、学生から発せられた意見や疑問に対して、フィードバックを与える機会にもなった。毎週60名以上の学生のコメントに逐一反応するのは、時間と労力を割かれる作業である。しかし、コロナ禍で学生が孤立感や疎外感を抱かないための配慮として継続した。同時に、この学生コメントは、他の学生にも公開されているため、学生同士のリアクションや会話を促す機会にもなっていた。そして教員からも、学生間での意見交換や「いいね！」などのコメントを寄せあうことを奨励した。

学生の事後評価を読むと、グループ活動やSlackでの振り返りを通じて、学生同士で意見を交換する機会が多かったことを喜んでいることが伝わってきた。自分の発言に耳を傾けてもらえたことや他の学生の意見を聞く機会が多かったことが、授業の高評価につながっている。

(4) ただ乗りと幽霊学生の課題

対面式、オンラインを問わず、グループ活動では、「ただ乗り」という課題が発生する。「ただ乗り」とは、学生が機械的にグループに振り分けられることで、グループ活動に貢献していないにもかかわらず、グループの一員として成績がつけられてしまうことを指す。もちろん、教室において対面式でグループ活動を実施していれば、欠席している学生は明らかになるので、出欠という客観的な証拠で学生の「ただ乗り」の有無を教員が判断しやすい。

ところが、オンラインの場合、「幽霊学生」という新たな課題が「ただ乗り」の予防を困難にしかねない。「幽霊学生」とは、Zoomに接続しているので授業に「出席」していることになっているが、実際には不在であったり、別のことをしていたりする学生を指す。周期的に分科会を回りながら、学生の貢献度をモニタリングすることはできても、漏れは生じてしまう。また、呼びかけをしても無反応な学生や未接続の学生に、後から確認をしたとしても、「あのときはインターネットの状態が悪くて、聞こえなかった」や「回線が切れてしまった」と言い訳をすることもできてしまう。そういった「幽霊学生」の存在を教員が常に把握できるわけではない。そのため、オンラインの場合は、対面式に比べ、「ただ乗り」が発生しやすくなった。実際に、オンライン授業では、グループ活動に参加しない学生や割り振られた課題をやってこない学生が増える傾向が見受けられた。これは、ワークショップ形式のときには、致命的な問題となってしまう。異なる利害関係をもつ紛争当事者たちが、ギリギリの停戦交渉をしているにもかかわらず、「幽霊学生」は実際には存在しないも同然なので、交渉が進められなかったり、「幽霊学生」が演じた役の利害は軽視されたまま、合意がなされたりしてしまう。

コロナ禍前のように学生たちが教室に集い、膝を突きあわせて議論していれば、そこに人間関係が生まれる。グループ活動中にサボることは気まずい雰囲気を作ってしまう。皆が顔を合わすなかで、居眠りや内職はしづらい。よほどの心臓と神経の持ち主でなければ、教室内での対面式グループ作業でサボることはできないだろう。しかし、コロナ禍では膝を突きあわせた人間関係構築の機会を一度も得ないまま授業を進めなくてはならなかった。オンライン化により、遠隔作業が可能になったものの、その距離感は、学生が離脱することを物理的に、心理的に容易にしてしまう。希薄な人間関係しか構築できていないなか、グループ活動をサボることに後ろめたさを感じない学生が増えたのではないか。

グループ活動に積極的に参加している学生は、「ただ乗り」をする学生に手厳しい。これを逆手にとって、学期当初から学生主体の問題解決の実践を促す対策を講じた。具体的には、最初の授業で、「ただ乗り」への対処方針を学生たちに議論させ、予防策と対処法を決めさせている。

たとえば、学生たちは、次のようなルールを作った。グループ活動に参加しない学生について、まずはグループ内で注意喚起などコミュニケーションを図ってみる。それでも、無反応の場合や3回ほど参加を呼びかけても態度が変わらない場合は、教員に「通報」する。それを受けて、教員が当該学生に事情を問いあわせる。事実確認をして、通報内容が正しければ、教員から当該学生に対して態度変更を促す。それでも改善されない場合は、当該学生は、グループから脱落したとみなされ、グループ活動の配点を失う。グループ活動には、高い配点を付しているので、グループから脱落した学生が、期末に好成績を収めることは、自動的に不可能になる。これによって、アクティブ・ラーニングを求めていない「楽単（楽に単位が取れる）」を物色している学生の受講を思いとどまらせることができた。

オンライン化で生じた課題
・いわゆるHands-onと呼ばれる身体を用いたエクササイズは実施しにくい。（Hands-onの活動は、チームメイト間の親近感や仲間意識を醸成するのに有益。頭だけでなく、五感を使って学ぶことができる。）
・共同作業を通じた積極的な双方向性のコミュニケーションが取りにくい。（余白、あるいは雑談など、気軽な日常会話のなかから創発やイノベーションは生まれる。）
・教員がクラス全体の雰囲気やグループ作業の状況を把握しながら、時宜を得た介入や対応をしにくい。
・分科会を用いて少人数での話しあいやグループ作業をするとき、教員の目が届かないこともあり、画面を消し、参加する意思をもたない学生が生まれやすい。（対面式の場合は、欠席するような学生が、オンラインではログインするだけで形式的に出席できる。よって「出席」だが、授業中の活動に参加しないという現象が生まれやすい。）

5.　ポスト・コロナのワークショップ授業の未来

コロナ禍が収束に向かいつつある。2022年度の春学期は、オンラインから対面式へ授業を戻すことが、文部科学省や早稲田大学から推奨された。本章で紹介した「紛争解決」の授業も原則として対面式に戻して実施することになった。しかし、日本への入国が間に合わない海外からの留学生がおり、さらには、学期の途中でコロナ陽性者や濃厚接触者となり、登校できない学生がいた。このような事情に鑑み、授業のすべてを完全に対面式に戻すことは不可能となった。実際には、対面式を基調としつつ、同時にオンラインでの参加を可能とするハイフレックス（ハイブリッドとも呼ばれる）授業を採用せざるを得なかった。

しかし、ハイフレックス授業は、オンライン授業よりも課題が多い。対面式とオンラインという異なる様式の授業を同時に実施して両立させないといけないからだ。ポスト・コロナの段階を見据え、対面式とオンラインの、どのような組みあわせが最適なのか、今から真剣に検討しておく必要があるだろう。学生の学習効果の最大化（および学習環境の整備）を考えたときの最適解が、個々の教員の過重負担に支えられたものだとしたら、それはいずれ破綻する。学生にとっての理想と教員の負担軽減を両立できる解決策は、教員に過重負荷がかからない学びの場の開発にかかっている。

オンライン学習の経験から、ポスト・コロナでは学習効果が高いオンデマンド教材を大学が購入し、それを学生が視聴するような形態が定着してもおかしくない。その一方で、大学とは、単に知識を学生に伝える場ではないことが浮き彫りになった。オンデマンド教材を使って個人で学ぶだけでは、学生の学習意欲は十分には高まらないことも明らかになっている。他の学生との共同作業のノウハウも蓄積されないし、達成感も得られにくい。それに対して、ワークショップを採り入れた参加型授業であれば、共通の関心をもった学生たちに「学びあいの場」を提供することができる。

しかし、このような取り組みを現実のものとしていくには、現在の日本の大学が抱えている構造的な課題を乗り越えなくてはならない。まず、ワークショップ授業を展開する人材の確保のためには、教員人事の採用基準の見直しが必要だ。ワークショップの場の設定や進行を担うことができる専属教員を雇う慣例を作らなければならない[7]。

それには、財政的な裏づけが必要になる。ワークショップ授業では、一つの授業科目に複数の教員やTAを配置する予算がなくてはならない。どのようにすれば、その予算を捻出できるのか。これまで大型教室で100名を超える大人数を相手に実施してきた講義は、すべてオンデマンド配信に切り替えるのも一案だろう。その分の財源や教員を少人数の参加型ワークショップ授業に割くことができる。

自然科学の分野では実験や実技演習がある。国際関係論でも、同様の機会を設けたい。本章が示したように、ワークショップ授業では、ロールプレイを通じて、集団での合意形成、意思決定、政策決定などの「実験」がなされ、交渉・仲裁・利害調整などの「実技演習」が提供できる。今後の国際関係論の教員に求められる役割は、これらの「実験」と「実技演習」における場の設定と学びのプロセスの管理である。学びの場をデザインする力も欠かせない。「実験」や「実技演習」を得意とする教員を多く雇うことができれば、彼らにワークショップ授業を任せ、残りの教員は、研究に多くの時間を割くことができるようになる。先に述べた教員採用基準の変更と財政措置とを組みあわせれば、大学、教員、学生の「三方よし」の関係が生まれる。

国際関係とは、対立する国家間における利害の調整を通じた問題解決のことを指す。国際関係論は、それを学ぶ学問だ。大教室で実施されてきた一方的な講義では、「実験」や「実技演習」の機会を作ることは難しい。利害調整や問題解決についての知識は蓄積できるかもしれないが、知識に紐づいた擬似体験を積むことはできない。講義科目だけではカバーされてこなかった体験を基盤にした学びの機会をワークショップ授業は提供できる。対面式、オンラインを問わず、ロールプレイを取り入れたワークショップ授業は、国際関係論を学ぶ学生にとって魅力的な手法であり続けるだろう。

注

1）上杉ほか（2010）
2）中野（2001）；中野（2017）
3）文部科学省（2008）
4）上杉（2023）
5）The ASEAN Coordinating Centre for Humanitarian Assistance on Disaster Management（AHA Center）。
6）チームビルディングについては、上杉勇司「チームビルディング」を参照（https://note.com/yuji_uesugi/n/nc2305aa8ae80）。
7）教員の採用方法を工夫する試みがないわけではない。たとえば、東京工業大学では「リベラルアーツ教育研究院を発足させ、東工大立志プロジェクトが立ち上げられた。そこにワークショップの先駆者である中野民夫氏を採用して、教育改革とアクティブ・ラーニングの推進をしている（中野、2017）。

参考文献

上杉勇司（2023）『紛争地の歩き方―現場で考える和解への道』ちくま新書。

上杉勇司・小林綾子・仲本千津編著（2010）『ワークショップで学ぶ紛争解決と平和構築』明石書店。

中野民夫（2001）『ワークショップ―新しい学びと創造の場』岩波新書。

中野民夫（2017）『学び合う場のつくり方―本当の学びへのファシリテーション』岩波書店。

文部科学省（2008）「3. 指導方法の在り方」『別冊　人権教育の指導方法等の在り方について［第三次とりまとめ］実践編』（平成20年3月）https://www.mext.go.jp/b_menu/shingi/chousa/shotou/024/report/attach/1370772.htm

第6章 キャンパス・アジアという国境を越えた学び

早稲田大学　小山　淑子

1. 次世代リーダーの育成

20世紀の二度の大戦を経て発展してきた国際関係論は、平和と戦争について考えてきた学問だ。21世紀も半ばの今日でも、世界各地で争いが続く。東アジアも例外ではない。たとえば、歴史をいかに解釈し語るかという「記憶の戦争」や「過去の亡霊が争う」と表現される歴史認識を巡る紛争が、長年にわたって繰り広げられている。くわえて、国籍・民族・性別・性的志向・社会経済的地位など、異なる属性をもつ人々をターゲットにした弾圧、ヘイトスピーチやヘイトクライムも後を絶たない。

こうした多様な紛争や社会問題を解決する次世代のリーダーを育成しようと早稲田大学が韓国の高麗大学校と中国の北京大学と共に立ち上げたのが、「多層的紛争解決・社会変革のためのグローバルリーダー共同育成プログラム：キャンパス・アジア ENGAGE：Empowering Next Generation of east Asian leaders for Global peacE（以下、キャンパス・アジア）」だ。筆者は、このキャンパス・アジアの授業を担当した。

課題が山積する現代において、学生たちが課題について考えるだけでなく、その先の解決策までも模索する実践的な学びを経験するためには、どのような学びのしかけを教員は用意できるのだろうか。本章では、筆者のキャンパス・アジアでの試行錯誤を実際の実践例を交えて紹介し、非英語圏にて英語で実施することや、コロナ禍以降のオンライン形式による授業実践の留意点や工夫、気づきについて論じる。

2. キャンパス・アジアの特色

文部科学省補助金事業「大学の世界展開力強化事業」の一つとして採択されたキャンパス・アジア（実施期間：2016年～2020年）では、留学プログラム、通常授業、短期集中講座など、様々な学習・交流活動が、協定校の早稲田大学（日本）、北京大学（中国）、高麗大学校（韓国）の3大学間で取り組まれた。コロナ禍以降も、これらの活動の多くがオンラインで継続して実施された。使用言語の英語に加え、長期留学をする学生は留学先の現地語（日本語、中国語、韓国語）の習得も奨励された。

（1）どんな人材を育成するのか

キャンパス・アジアが目指したのは、「多様な問題を解決し、社会を築いていく人材の育成」だ。問題解決ができる人材を育成することを目標に掲げた。国際学生交流プログラムであるにもかかわらず「異文化交流・理解」を主眼に据えてはいないことに、違和感を覚える読者もいるかもしれない。東アジアからの参加学生たちは、幼いころから同じアニメやゲームなどのポップカルチャーに囲まれて育った世代で、国境を越えて異文化に出会うというよりは、むしろ、同じもしくは非常に近い文化を、国境を越えて共有している側面がある。よって、キャンパス・アジアでは、国際学生交流プログラムではありながら、「異文化交流・理解」を中心に据えた取り組み内容にはなっていない。

文化に加え、教育スタイルも、キャンパス・アジアに参加する、特に東アジア出身の学生たちの共通項だった。彼らは、いわゆる知識注入型の東アジア型の教育スタイルのなかで効率よく１つの正解を導き出すことを求められてきた[1)]。こうした東アジア圏の教育に慣れ、かつ成功体験を積み重ねてきた学生たちに自立的な学びの経験を促すため、授業の実施にあたっては、アクティブ・ラーニングを取り入れることとした。

このキャンパス・アジアには、実に様々な学生たちが参加した。日中韓の3大学による事業ではあるが、参加学生のバックグラウンドは、日中韓の3カ国に留まらない。たとえば、参加者のなかには、高麗大学校で（交換留学ではなく）正規生として学ぶ東南アジアの国出身の学生がいたりする。また、早稲田大学からの参加者に、日本育ちで日本語母語話者の学生がいても、その学生の両親や学生自身が日本国籍を保持しているとは限らない。今の学生を取り巻く環境は、もはや「国家(nation)」間の関係、といった従来の意味での「国際(international)」の枠組みでは捉えきれない。そして、そのような環境にいる学生たちの学習ニーズ・意欲に応える学びの場を提供することが、キャンパス・アジアには求められていた。

(2) なぜ英語で学ぶのか

英語で授業を実施するEMI授業は、キャンパス・アジアの大きな特徴だ。日本語・中国語・韓国語ではなく英語でキャンパス・アジアを行うことは、幅広い学生の関心と学習ニーズに応えるためだった。

近年、東アジアにおける国際関係の課題や社会問題に関心をもつ日本人学生の裾野は広い。関心のもち方も多様だ。たとえば、彼らのなかには、「韓国語・中国語は(まだ)できない」ものが少なくない。最先端のIT企業について中国で学びたいという学生や、韓国のソーシャル・イノベーションの取り組みを勉強したいという学生もいる。韓国や中国から参加する学生についても同様で、「日本について知りたい、日本の学生と話してみたいけれど、日本語がわからない」という学生が多かった。このような「日本語・中国語・韓国語は(まだ)わからないが、東アジアのことを話しあいたい」という学生の学習・交流意欲に応える学びの場を用意する必要があった。

さらに、こうした東アジア地域に興味がある学生以上に多かったのが、世界各地の紛争解決や社会変革に関心をもっていたり、将来的に国際機関や企業に就職し国内外の社会問題解決に関わりたいと希望する学生たちだ。また単に、「英語力を高めたい」という学生も多かった。彼らは「英語を」勉強するのではなく、「英語で」学ぶ機会を強く求めていた。キャンパス・アジアは、そうした学生の意欲に応えるものでもあった。

(3) なぜアクティブ・ラーニングなのか

アクティブ・ラーニングを取り入れたのには、学習者主体の学びを促すためということの他にも、いくつか理由がある。第一には、本書の第4章で小林が指摘するとおり、社会問題、国際問題などの諸課題を「自分ごと」として捉えるのに、ワークショップをはじめとするアクティブ・ラーニングの技法が適しているからだ。

第二の理由は、アクティブ・ラーニングがもつ、学びの共同化の役割だ[2)]。アクティブ・ラーニング研究者であり実践者でもある渡部は、アクティブ・ラーニングという社会参加を通じて自立的に学ぶことで参加者が、「価値観や立場の多様性、他者への敬意、少数意見の尊重、異なる価値観をもつ者とのネットワーク形成」へ向かうことを指摘する[3)]。キャンパス・アジアが目指す紛争解決を担う人材の積極的な育成のためには、参加学生が自国や自身の歴史観を客観的に捉えたり、他者の視点から歴史を見たりする知的訓練はもちろんのこと、そのような思考に耐えうる情緒的な訓練や、異なる意見を発する／受け止めることのできるコミュニケーション能力の鍛錬が欠かせない。日中韓の学生間に信頼醸成を促し、キャンパス・アジアという共同コミュニティを形成するためにも、アクティブ・ラーニングは適している。

三つ目の理由として、筆者の実務経験から得た問題意識を挙げたい。筆者は大学教員になるまでの15年余り、国際公務員として世界各地の紛争地や復興現場で社会開発や平和構築の実務に従事してきた。そこで実感したのは、社会課題の解は一つではなく、また解を導き出す道程は直線的だとは限らない、ということだった。そのため、大学に奉職してからは、課題の本質を理解するための思考力に加え、解決策を導き出すための実践力、異なる価値観への想像力を養うことが重要だと考えた。以上のことから、キャンパス・アジアではアクティブ・ラーニング技法を中心にした授業を行うことにした。

(4) 多様なアクティブ・ラーニング技法

アクティブ・ラーニングとは、渡部によると「プレゼンテーションやディスカッションのような様々なアクティビティ（学習技法）を介して、学習者が能動的に学びに取り組んでいくこと」を指すという[4)]。山地は、アクティブ・ラーニングで行われる様々なアクティビティを、次頁の図1のように「構造の自由度」と「活動の範囲」に軸を取った四象限のマトリックスで整理している[5)]。たとえば、本書の第5章で上杉が紹介するロールプレイは、図1に具体的に位置づけられていないものの、このマトリックスでは第二象限の、構造の自由度が高く、活動範囲は狭い「応用志向」のアクティブ・ラーニング技法に分類できるだろう。

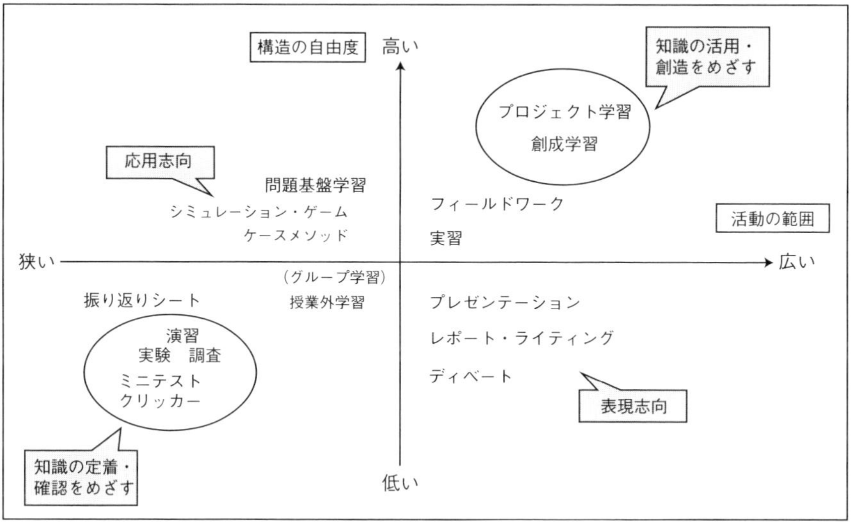

図1　アクティブ・ラーニングの多様な形態
（出所）山地、2014、p. 3

キャンパス・アジアのカリキュラムは、プログラムのメインテーマである「紛争解決」と「社会変革」について学ぶ科目（集中授業を含む全6科目）と、それらに関連する幅広い分野における関連科目から構成された。アクティブ・ラーニング技法を取り入れた授業では、ロールプレイ、シミュレーション・ゲーム、プロジェクト学習、シアターワーク（演劇手法）、ディベート、授業外でのグループ学習など、様々な技法を用いた。図1に示される、演習・実験・調査・ミニテスト・クリッカー（リモコンを使って回答を送信する装置）などの「知識の定着・確認をめざす」アクティビティ群以外のほぼ全てのアクティビティを用いたことになる。

表1　キャンパス・アジアのアクティブ・ラーニング授業の実践例

テーマ	ねらい	実践条件	実践内容
1）移行期正義（ロールプレイ）	武力紛争後の社会における移行期正義について、抽象概念の理解にとどまらず、自分自身や自身の家族などに問題を引き寄せ、自分ごととして考えることを促す。	通常授業 30名履修 所要時間：20-40分 1学期全8回授業のうち1回の授業中に実施。	役割反転法を用い、武力紛争後の社会における移行期正義の問題について被害者・加害者双方の立場から検討する。
2）国際協力（ロールプレイ）	対外援助政策を実施する際の国内政策策定過程における利害関係者と彼らの利害について理解を深める。見過ごしている利害関係者（市民・納税者、支援対象国の市民など）への気づきを促す。	通常授業 20名履修 所要時間：90分（準備学習時間は除く）	事前の講義、資料精読と議論にもとづいて戦後復興地域における平和構築事業を策定する。事業策定後、与えられた役割の立場から、事業の実施における課題や盲点などを話しあう。
3）平和構築支援（シミュレーション・ゲーム）	講義・資料精読で学んだ知識の実装化演習の機会を提供する。	通常授業 20名履修 所要時間：180分（90分授業2回）（準備学習時間は除く）	事前に与えられた架空の戦後復興国の情報とシナリオにもとづき、国連の政策立案チームの立場で、元兵士の社会復帰支援事業を企画する。
4）東アジアにおける歴史教育（プロジェクト学習）	東アジアの歴史認識問題を題材に紛争解決学の手法を学ぶ。日中韓の3大学の学生の間に信頼関係を醸成する。	集中授業 30名履修 所要時間：4日（8日間の集中講座内で実施）	「東アジアの歴史教育教材を作成・発表する」というグループ学習に従事する。
5）東アジアにおける紛争解決と社会変革（シアターワーク）	解決策主導型でなく問題主導型の問題解決思考を養う機会を提供する[6]。言語以外の表現方法を養う。社会問題を「自分ごと」として捉える機会を提供する。社会科学、自然科学で軽視もしくは無視されることの多かった「感情」の存在を受け止める力を養う。	集中授業 30名履修 所要時間：4日（8日間の集中講座内で実施）	東アジアに共通する社会問題を抽出し、演劇手法を用いて、その社会問題と解決策を表現する。

（出所）筆者作成

前頁の表1では、キャンパス・アジアの授業で使用したアクティブ・ラーニング技法のうち、より構造の自由度が高い、ロールプレイ、シミュレーション・ゲーム、プロジェクト学習、シアターワークについて、それら技法の使用時のテーマ、ねらい、実践条件および実践内容を示した。このように、多様なアクティブ・ラーニングの技巧を使用することで、双方向で参加型の授業を実践したことも、キャンパス・アジアの特徴だ。なお、コロナ禍においてもシアターワークを含め、インタラクティブな実践は継続した。身体接触を前提とする活動は避け、代わりにオンラインでも可能な手法を採用した。

3. 授業実践例－集中講座「東アジアにおける歴史認識問題と和解」

英語でアクティブ・ラーニング技法を用いた授業は、実際には、どのように行われたのだろうか。ここでは、毎年夏に8日間にわたり実施された集中講座「東アジアにおける歴史認識問題と和解」を紹介する[7)]。

(1) 授業概要

この集中講座は、東アジアの歴史認識問題を題材に紛争解決学のアプローチを学ぶことを目的としている。くわえて、日中韓の3大学の学生の間に信頼を醸成することも期待された。授業実施形態は、講義とアクティブ・ラーニング技法の双方を取り入れ、全体的にはワークショップ形式で実施した。早稲田大学の学生に加え、コロナ禍で海外渡航ができなくなる前には、高麗大学校と北京大学の学生たちが、それぞれ韓国・中国から来日して参加した。

日本に集った3大学の学生たちは、次頁の表2のとおり、8日間の集中講座の前半に、日本国内にある東アジアの近現代史にまつわる歴史関連施設や資料館などを訪問した。たとえば、長崎原爆資料館や「軍艦島」を訪問し、そこで得た気づきや疑問などについての振り返りを実施した。後半の4日間では学生は4～5人のグループに分かれて歴史教育の教材作成を行い、成果物を最終日に発表した。

コロナ禍により渡航ができなくなってからは、前半の関連施設訪問を3大学の講師陣による講義（オンライン・オンデマンド）と議論に置き換え、後半のグループ学習を全面的にオンラインで実施した。日中韓は地理的に近いため、オンライン講義やグループ学習をリアルタイムで実施しても時差が障壁にはならなかった。

教員2名、ファシリテーターとして学生・社会人のボランティア5～6名のチームで実施した。ファシリテーターを担った大学院生のTA（補助教員）には、筆者が事前に提供したファシリテーション研修を受講してもらった。社会人ボランティアは、国際協力団体などでファシリテーターの経験がある方々に協力してもらった。実施年が積み重なるにつれ、学部生のなかにもキャンパス・アジアの授業参加を経てファシリテーターとしての実践を積んだ学生が出てきたため、後半の実施年度には、こうした学部生たちもファシリテーターとして参加し、集中講座の実施を支えてくれた。以下、この集中講座から、いくつかの実践場面を抽出し、授業の流れを紹介する。

表2　集中講座日程

日	活動内容
1日目	• 導入（概要説明） • アイスブレイク • 授業参加時の「約束ごと」の制定・確認
2日目	• 関連施設訪問（コロナ禍＝オンライン・オンデマンドによる代替講義） • ファシリテーションを用いての議論 • 講義（「歴史とは何か」）
3日目	• 関連施設訪問（コロナ禍＝オンライン・オンデマンドによる代替講義） • ファシリテーションを用いての議論
4日目	• 金魚鉢エクササイズを用いた関連施設訪問の振り返り • 講義（「紛争解決と歴史教育」、「和解について」） • チームビルディング
5日目	• グループ学習：歴史教育教材の作成
6日目	• グループ学習：歴史教育教材の作成
7日目	• グループ学習：歴史教育教材の作成
8日目	• グループ発表 • 授業全体の振り返り • レポート提出

（出所）筆者作成

(2) アイスブレイク（1日目）

ワークショップ形式をとる場合、いかに参加者一人ひとりが安心して参加できる環境・雰囲気をつくれるかが、有意義な授業の成否を左右する。よって集中講座の初日の「空気づくり」がとても重要になってくる。ことに「歴史認識問題」という、日中韓からの参加者たちにとってセンシティブなテーマを取り上げる場合は、なおさらだ。

初日の午前中は、授業の概要説明に加えて参加者全員が参加するアイスブレイクとして、ビンゴゲームを応用した「People Bingo」を行い、参加者たちの緊張を解きほぐし、学生同士が打ち解けられるようにする。所定の時間内に、参加者は次頁の図2のビンゴ・カードに書かれてある特徴の人がいないか、会場を歩き回り他の参加者に話しかけ、該当する人がいた場合は、そのボックスにチェックマークを入れる。一番早くタテ・ヨコ・ナナメのいずれか一列が揃った参加者がビンゴの勝者だ。例年、多くの学生がPeople Bingoで巻き起こるカオスを経て、集中講座に対する気負いや緊張から解き放たれる。

このセッションが「人生で初めて経験する、EMI授業」であるという学生も少なくない。これは日本人学生だけでなく、中国人や韓国人の学生にも当てはまる。そうした学生にとって簡単な英単語での会話を促すPeople Bingoは、「英語で意思疎通する最初の一歩」として有益なようだ。各国からの参加者がそれぞれの間に共通の「好きなもの」を見いだしたり、相手に答えを聞いた後に、その相手と会話を発展させる話題になるような項目がビンゴ・カードには書かれている。また、「英語の聞き取りは苦手だけれど、読むことには問題ない」という学生たちにとって、文字が書かれたカードを使うビンゴゲームは英語での意思疎通に対する心理的なハードルを下げることにも一役買っている。

ちなみに、このビンゴ・カードには、学生ではなく教員についての項目も差し込まれている。教員もゲームに参加することで、「学生―学生」の間だけでなく、「学生―教員」の間の緊張をほぐすとともに、「この授業では、学生と教員は共に同じ目線の高さにあるのだ」ということを、ゲームを通じて参加者に感じ取ってもらうためだ。

People Bingo!

I play a musical instrument ( )	I speak German. ( )	I love Pokemon. ( )	I've watched the animation film "Your Name." more than twice. ( )	I wear contact lenses. ( )
It is not my native language, but I can speak Korean. ( )	It is my first time to visit Japan. ( )	I am majored in Archaeology. ( )	I love to read books. ( )	I am an only child. ( )
It is my first time to visit Tokyo. ( )	I am majored in Sports Sciences. ( )	( )	I speak Spanish. ( )	I am wearing snow shoes today. ( )
I can whistle loudly. ( )	My birthday will arrive during this intensive Program. ( )	I know Waseda offers a class about anime and manga. ( )	I have been to Seoul. ( )	I have run a full marathon. ( )
I graduated from Waseda University. ( )	I grew up in Shanghai. ( )	I like to dance. ( )	I speak more than 3 languages. ( )	I like cats more than dogs. ( )

図2　People Bingo
（出所）筆者作成

(3) 授業参加時の「約束ごと」の制定・確認（1日目）

アイスブレイクで緊張がほぐれた後に、初日のうちに行わなくてはいけない大事なアクティビティがもう一つある。それは、参加学生全員に、この授業に参加する際の「約束ごと（ground rules）」を、学生自身で話しあって決めてもらうという作業だ。

アクティブ・ラーニングを用いた授業では、渡部が指摘するように、「お互いの自由な表現が受け止められる安心・安全な空間を用意することが学習法定着のポイント」だ[8)]。さらに、この「東アジアにおける歴史認識問題と和解」の集中講座では、参加者が異なる意見・見解を表現し、議論することが欠かせない。忌憚ない話しあいができるようにするために、まずは学生たちが安心して自分の考えを表現できると思える空気をつくることが、この初日の一番の肝と言ってもいい。

具体的には、学生たちに「異なる意見を出しあって自由闊達に議論するために重要・必要なこととは何か」を出しあい話しあってもらう。いきなり「話しあって」と言われても議論に慣れておらず戸惑う学生もいる。そのため、学期の冒頭で最初に実施する話しあいは、下記のように、いくつかの段階を経て進め、学生たちに徐々にグループ議論に慣れてもらうという方法を採ることが多い。

第1段階：	自分一人で「自分と会話しながら（having a dialogue with yourself）」自分自身のアイデアを考えたり、書き出してみる（1分程度）。
第2段階：	隣の人とペアになり、お互いのアイデアを共有しあう（3分程度）
第3段階：	さらに隣のペアとグループを組んで、グループでアイデアを共有しあう（7～10分程度）。
第4段階：	クラス全体で、教員（ないしはファシリテーター）がファシリテーションしながら、意見を共有・議論する。最終的に、参加者の合意・納得を得たうえで、この集中講座全体の「約束ごと」として採択する（20～60分程度）。

第4段階での議論は、ファシリテーションを用いての議論（facilitated discussion）だ（ファシリテーションの詳細については、本書の第4章を参照のこと）。グループ議論で出てきたキーワードは、教員（ないしはファシリテーター）が、全員が見られるボードに書き出していく（教室内であればホワイトボード・黒板に書き出す。オンラインでZoomを使用していれば、Zoomのチャット機能やホワイトボード機能を使う）。ここで、教員は出されたキーワードを取捨選択してはいけない。学生自身が抽出した「大事なこと」を、そのまま全員に共有することが大事だ。そうすることで学生には、「この授業を作り上げていくのは自分たち」という意識づけがなされ、「この授業は自分たちが作っていくんだ」という、学生自身の授業に

対するオーナーシップ（ownership）意識が育まれていく。

ちなみに例年のキーワードのトップは、「尊重（respect）」だ。学生たちは、おおむね「積極的に相手の発言を聴く（active listening）」ことや「異なる意見にも耳を傾ける」ことが大事だと強調する。もちろんそれらは大事で、ワークショップを進めるうえで不可欠の「約束ごと」なのだが、この集中講座のテーマである「歴史認識問題と和解」の場合は、それだけでは、両論併記的な議論に終始する可能性がある。そのため教員は、「正解・不正解を追求することが議論の目的ではない」こと、議論中は相手や自分の言っていることについて「価値判断を下さない（place no judgement）」という2点を強調しながら、より突っ込んだ率直な意見交換・議論を試みるよう促した。

(4) 金魚鉢エクササイズを用いた関連施設訪問の振り返り（4日目）

集中講座前半に行う東アジアの近現代史にまつわる歴史関連施設や資料館などへの訪問の目的は、様々な歴史関連施設や資料館が、どのように表現し何を語り継ごうとしているのか、複眼的に観察し考察することにあった。また、その後4日目に行う、訪問先で見聞きしたこと·考えたことの振り返り（reflection）は、単に感想を述べあうだけではなく、同じ事象を見聞きしていても感じ取るものは人によって全く違うこと、それぞれの解釈に正解、不正解はないということへの気づきを学生に促すことを目的としている。

この振り返りに用いるのが、ファシリテーションの手法の一つである金魚鉢（fishbowl）というエクササイズだ。やり方はこうだ。まず、参加者全員が一つの大きな円を描いて座る。そして一人ずつ、現地で印象的だったことを短い言葉で振り返る。話すものは、自分が感じたことであれば、どんな内容を共有しても構わない。これを繰り返し、全員が話し終われば終了となる。話す順番や、話す長さは自由だ。（ただし、あまり話が長い場合は、次に話したい人がその人の肩をそっと叩いて、退場を促す。）きわめて単純なエクササイズだが、ルールが１つだけある。エクササイズを通じて、発言者が話している間は、他の者は話してはいけない。これは、発言者の言葉に全員が集中し傾聴するためであると同時に、発言内容を批判や否定せず、そのまま受け止めることを目的としているためだ。

Zoomなどを用いてオンライン形式で開催する場合は、発言者以外は教員も含めてすべてミュートにしてから開始する。ビデオはなるべくオンにして行うが、オフにしておいても構わない。ただし、教員やファシリテーターは常にビデオをオンにして、折に触れてうなずいてみせるなど、発言者の発言を受け止めているということを参加者に示す。

金魚鉢を用いた振り返りを始めると、冒頭では当たり障りのない振り返りが繰り返される。しかし、静寂のなか、一人ひとりの発言が積み重なり、他の全員が集中して発言を受け止めるというプロセスを繰り返すうちに、徐々に、よりセンシティブな事柄や物議を醸す内容にも踏み込むようになってくる。次第に参加者それぞれの本音が吐露され始めていく。歴史問題を巡る係争点が、つまびらかになる場合もあり、学生によっては、かなりの緊張を伴うエクササイズとなる。また、本音をある程度開示するので、学生の間のラポール（rapport）は、このエクササイズを機に一気に高まる。年によっては、授業の終了後も学生たちが自主的に深夜まで議論を続けることもあった。

(5) グループ学習：東アジアの歴史教育教材の作成（5～7日目）

集中講座の後半4日間では、それまでの議論を踏まえ、東アジアにおける歴史教育教材を作成するグループ学習に従事する。参加者は、このグループ作業を通じ、自国や他国における歴史教育が「どのように」、「何のために」、「誰によって」なされてきたのかを議論することで、歴史教育の目的やあり方についての理解を深め、批判的に思考する力を養っていく。

グループ学習の手順としては、まず各グループに日中韓出身の参加者が最低1名ずつ入るように留意し、参加者を5～6名のグループに振り分ける。作業を進めるにあたっては「東アジアの歴史教育教材の作成」というゴールのみ提示し、そのゴールへどう辿り着けばいいのかというプロセスに関する指針は示さない。グループ学習の前半では、半日から1日をかけ、グループ内の各メンバーが、それぞれの学校教育のなかで、どのような歴史教育を受けたかを共有しながら振り返る。後半では、2日半から3日をかけ、歴史教育教材を作成する。最終日には、グループごとに作成した成果物の目的・趣旨と作成過程を発表し、質疑応答と他の参加者との議論を行う。

このグループ学習では、特定の歴史的事象の見解について参加者の間に鋭い意見の対立もみられる。その場合、参加者が異なる意見の否定や論破に向かうのではなく、違いを認めつつ、さらに話しあいを重ねるよう、議論の場を整え、維持する必要がある。その際に、グループごとに配置されたファシリテーターの存在は特に重要となる。たとえば、butなどの逆接の接続詞の使用を禁止し、andのような順接の接続詞を用いることを促す。Andが難しければ、並列という意味もあるat the same timeを使うように心がけるようにする。

グループ議論で互いの歴史教育の経験を共有していくなかで、学生たちは、それぞれが受けてきた教育方法の類似点や相違点であったり、互いの歴史教育で何がどう述べられているのか、いないのかなどについて理解を深めていく。この段階で、自国の歴史教育では自明のこととされている「史実」や「歴史」の解釈が、他国では必ずしも共有された「史実」や「歴史」の解釈ではないことにも、学生たちは気づいていく。作業を進めるにつれ、グループ・メンバーの間では「そもそも歴史教育の目的は何か」、「自分たちが作ろうとする教材は、なんのためにあるべきか」という議論が交わされるようになる。こうして、作業を進める過程を通じて、学生たち自身が想起したこれらの疑問に、学生たち自身が議論を重ね、自分たちなりの解を導いていく。

成果物である歴史教育教材は、年によって様々な形態をとった。架空の日中韓共同歴史教科書の1945年の項を作成するという課題に取り組んだ年もあれば、東アジアの歴史についての展示企画のプレゼンテーションと展示物のサンプルの製作に携わる年もあった。これらの成果物では、歴史の語られ方として大きく3つの異なるアプローチが見られた。まず一つには、歴史的「事実」について各国の立場からの異なる見解を併記する方法を採るというものだ。このアプローチを採用したグループによると、異なる解釈を併記することでそれぞれの国の間の議論・対話を促すことを企図したという。2つ目のアプローチは、動かしようのない歴史的事実（たとえば、広島と長崎への原爆の投下や、日本による朝鮮半島の植民地支配など）については記載するが、その事実の解釈については記載しないというものだった。その理由として学生たちが挙げたのは、歴史の解釈は押しつけられるものではない、学ぶ者が議論して自らの解釈をしていくことが学習目的だとする考えだった。

これら2つのアプローチは、解釈の位置づけを巡っては異なっていたが、いずれも歴史を語る枠組みを「国家」としている点で共通していた。これに対して第3のアプローチは、「国家」の枠では捉えきれない歴史を語るというものだった。たとえば「慰安婦」については、国家間の争点としてではなく、女性に対する人権侵害という視点で語られた。また、今まで自国の歴史教科書が十分に注意を払ってこなかったとして、指導者層ではない、一般の人々が経験した戦争の体験に着目し、大陸から日本、日本から朝鮮半島への引揚といった、戦争が一般市民に及ぼす影響を取り上げたグループもあった[9)]。このアプローチを採った理由は、「東アジアに平和を構築するための教科書がほしいと思った」であったり、「グループで話しあうなかで、アジア人、世界市民というアイデンティティを自分たちがもったので」など、グループによって様々だった。いずれにせよ、この第3のアプローチは「国家」の枠組み・国境・国籍を超えた視点を強く反映している点で、国境を超えて行ったグループ学習ならではの成果物といえるかもしれない。

なお、成績評価時に重視されたのは、成果物それ自体ではなく、成果物を作成する過程だった。参加学生は、集中講座の最終日に、全体の学びを振り返るレポートを執筆する。執筆時に学生に求められたのは、グループでの議論や資料の読み込みなどを通じ、自らが歴史を、どのようにかみ砕き、批判的に検証し考え、歴史の語り方を再構築していったかについて省察し、言語化することだった。このレポートの評価は、題意把握や論理構成、考察力など設けられた基準によってなされた。

4. 授業実践における留意点・工夫・気づき

(1) 英語で実践する場合

キャンパス・アジアでは、クラスを履修者の英語の習得度では分けることはしなかった。同じ教室内にいる履修生の英語力のレベルは様々だった。英語が母語の学生もいれば、英語を外国語として学んできた学生もいる。英語圏に留学した経験がある学生もいれば、英語「で」授業を受けるのは生まれて初めてという学生もいた。東アジア、特に日本では欧米諸国で話されている「ネイティブ」の発音で話せることに高い価値が見いだされる傾向にある。また、入学試験や昇進試験などに語学試験のスコアが用いられることも影響してか、「正しい英語」でなければならないという考えも根強い。どの「レベル」の学生であれ、のびのびとアクティビティに参加できるようにするためには、まずは、こうした「英語力」を取り巻く固定観念を崩す必要があった。

そこで強調したのが、「発音などより、発言の内容が大事」という点だ。「発音や文法を気にするより、まずは、自分の意見が伝わること」が重要、「良い英語というのは伝わっている英語（Good English is understood English)」なのだということを、折に触れて伝えた。「英語には様々なアクセントがあってよい」、「アクセントがあることは、英語のほかにも話せる言語があるという証拠」ということも、教員の実体験のエピソードなどを交えながら紹介した。実際、様々なアクセントで話される英語を理解できないと、国連などの国際機関では仕事ができないし、それ以前に就職も難しいかもしれない。たとえば、あなたが国連機関のポストに応募して面接試験に呼ばれたとしよう。その時、その場にいる面接官がそれぞれインドネシア、エジプト、ガーナ、ニュージーランド出身だったら、あなたは、各面接官が話す英語を理解して質問に答える必要がある。多文化・多言語で、英語ですら多様な英語が話される国連のような国際機関では、「正しい英語」の習得を極めるよりも、「多様な英語」を理解できることの方が求められる。

「多様な英語」への理解を深め、自分なりの英語を駆使して様々なアクティブ・ラーニングのアクティビティ体験を重ねることで、学生たちは、重要なのは「自分の意見があるかどうか」、そして「自分や相手が話す内容」だということに気づいていく。歴史認識問題を議論する際に、そもそも自分の意見を構築するための前提となる知識をもっていないと気づいた学生も少なくなかった。話ができないのは語彙や文法といった英語力が足りないのではないことに気づく。

このように、履修生の英語力のレベルも多様だったキャンパス・アジアには、英語で日常会話をすることは得意であってもディベートやレポート執筆は不慣れな学生、またそれとは逆に、留学経験や英語での会話の経験は少ないが時間をかけて英語で論理のしっかりしたレポートを書いてくる学生もいた。こうした様々なレベルの英語力をもつ学生が、互いの特性を受け止めつつ、意思疎通をすることも重要だった。このように多様な英語運用能力や経験蓄積のばらつきに留意することが、英語でアクティブ・ラーニングを用いるキャンパス・アジアの授業運営では特に重要だった。

(2) オンライン形式で実践する場合

コロナ禍となり対面での授業実施が難しくなった2020年度は、Zoomを利用してオンライン形式で開催した。当初はオンライン形式にすることで参加者の間に距離感が生まれ有意義な議論ができないのではないかとの危惧があった。しかし、授業後に参加学生から寄せられた感想によると、「オンラインで実施するからこその適度な物理的距離があり、直接面と向かっては切り出せないセンシティブなトピックや意見も積極的に話しあえた」とのことだった。

こうした学生の反応は、教員にとっては新鮮だった。それまで、「歴史認識問題」や「和解」などのテーマを扱うには対面での対話を通じた緊密な信頼関係を築くことが前提だとしてきたからだ。また、東アジアにおいてはネット空間におけるヘイトスピーチなどが問題となるなど、ネット空間でのコミュニケーションは、平和構築の取組促進にはマイナスに作用すると考えられてきた。翻って、オンラインでの集中講座に参加した学生からの感想は、むしろ、オンラインで実施するからこそ作り出される物理的距離感、またそうした物理的距離感がもたらす安心感が、センシティブな問題を語るうえで有意義に作用したのだということを示したのだった。

こうした物理的距離感や安心感、さらには学生が抱く互いへの信頼感へとつながるためには、フラットかつオープンなコミュニケーションの成立を意図した授業設計、教員によるファシリテーションが肝要であり、この点で、オンラインと対面授業の間に違いはない。違いがあるとするならば、オンラインの場合に求められる、技術的な工夫と配慮だった。たとえば、環境が許す限り、学生にはZoomのビデオ機能をONにすることを要望した。こうすることで、「うなづき」などのしぐさで傾聴の姿勢を相手に示すことができるからだ。参加する学生たちが議論を聞き流すだけでなく、聴くことを含めより能動的に授業参加することを促す目的があった。

対面授業では、授業の間や授業後に学生同士が雑談をしたり食事を共にすることで、コミュニティへの帰属意識を築くことができる。一方オンラインでは、こうした授業以外の「余白の時間」が限られているため、帰属意識を培うには工夫を要した。そこで集中講座では、全体向けのZoomによる講義・議論の他、参加学生を5～6名につき一つずつのホームルームに分けて配置した。あえて「ホーム」と称してグループ作業に携わるようにしたことで、所属大学・専攻などが異なる多様な学生が、一つの「ホーム」に帰属するコミュニティ意識を培うことを意図した。

ちなみに、このオンライン授業は、多くの参加者にとって、それまでなじみの薄かったITインフラに触れる機会ともなった。たとえば、中国本土ではLINE、Google Driveなど日本などで一般的に使用されているツールが使用できないことが多い。そのため、中国大陸からの参加者との共通プラットフォームを探す必要があった。中国から参加する学生とグループ学習をする場合は、他国の学生は、中国で使われるツールを入手し、使用することになった。こうして、学生は期せずしてバイリンガルならぬバイテクニカルな IT 能力を培うことになった。

5. 私たち一人ひとりが平和をつくる当事者

本章では、国境を越えた日中韓の3大学が、英語でアクティブ・ラーニングを用いて行った、課題解決志向の授業の実践について、実例を留意点とともに紹介した。今後、一層の検討を重ねて英語によるアクティブ・ラーニング技法について理解を深め、明日からの授業に活かしたい。

国際関係論は、平和と戦争について考え続けてきた。今日も私たちは、核兵器使用の現実的な脅威と向きあいながら、一日も早く平和が訪れることを祈り続けている。しかし平和は、祈るだけでは訪れない。既存の正解、すでに示された正解に辿り着くのではなく、自ら正解を作り出す必要がある平和構築のプロセスは、決して直線的な軌道を描かない。異なる立場や見解、複雑に絡みあう利害、乗り越え難い力の差など様々な課題があるなかで、落としどころを探りつづける。こうした営みの連続が平和構築プロセスだ。そして、そのプロセスは、国家や国際機関のトップリーダーだけでなく、社会の様々な階層の、多様なアクターを必要とする。つまり、私たち一人ひとりが、平和をつくる当事者であるわけだ。国際関係論を学ぶ学生に、そんな当事者のための学びと実践の場を提供することが、これからの高等教育機関には求められているのではないだろうか。

注

1）渡部（2020）
2）同上
3）同上、p. 183
4）同上、p. i
5）山地（2014）
6）ここでいう「解決策主導型」とは、自分が既にもつ解決策が先にありきで、その解決策を問題に当てはめるアプローチのことを指す。一方、まず実際の「問題」を理解・検討したうえで、その問題を解決するためにどのような解決策がありえるのかを考えるアプローチを、「問題主導型」と呼ぶ。
7）集中講座「東アジアにおける歴史認識問題と和解」は、4日間にわたる関連施設訪問などの部分と4日間の集中授業で構成された。
8）渡部（2020）、p. 120
9）小山（2023）

参考文献

小山淑子（2023）「和解学の教育手法―キャンパス・アジア ENGAGE の教育実践からの考察」梅森直之編『和解学叢書2＝思想・理論　アポリアとしての和解と正義―歴史・理論・構想』明石書店。
山地弘起（2014）「アクティブ・ラーニングとはなにか」『大学教育と情報』No.1、2-7。
渡部淳（2020）『アクティブ・ラーニングとは何か』岩波新書。

終章
これからの大学における学び

早稲田大学　上杉　勇司
日本大学　大森　愛

本書を締めくくる終章では、日本の大学において次世代をどう育てるのか、という問題を取り上げたい。本書の全体の議論をまとめつつ、今後に向けた提案を試みる。国際関係の現実の流れを見ていると競争や利己的な姿勢が支配的となり、ポピュリズムやナショナリズムが勢いを増している。そのような流れに抗う意味でも、国家間が、そして人々が手を取りあい、足並みを揃えていくことが大切ではないだろうか。そして大学では、価値観が異なっても協力し、たとえ意見が割れたとしても、分断に橋を架け、協働できる人材を育てていくことが求められている。

覇権をめぐり凌ぎを削る米国と中国に挟まれた日本。地政学的に米中が激突して火の粉が被らないわけはない。いかに米中の対立を平和裡に解消していくのか。これこそ日本の命運を左右する難題だ。そのような難題に立ち向かう人材を輩出する責務が、大学にはある。平和的な紛争解決を促す力、それこそが21世紀型コンピテンシーと呼ぶにふさわしい。

そのような能力をもつ人材は、国際舞台で活躍する外交官や国際公務員に限られたものではない。私たちの周囲には、意見の相違、価値観のズレ、利害の対立、競争に満ち溢れている。「グローバル人材」とは、そうした地域社会の問題解決、あるいは学校、会社、家族といった共同体の内部で発生した課題に対しても取り組んでいける人材を指す。

21世紀型コンピテンシーを培う土台の一要素として、国際語としての英語の重要性を本書では強調してきた。さらに、21世紀型コンピテンシーを養う方法論として、学習者主体の学び（アクティブ・ラーニング）の効用についても紹介してきた。そして、コロナ禍を経ることで、改めて実感した大学の学《まなび》舎《や》としての機能にも、各章で触れてきた。コロナ禍は、一方でオンライン技術の活用の機会を加速化させた。他方で、コロナ禍で実感した課題を克服する道が明らかになった。以上の点について、順を追って振り返っていく。

1. 国際関係論を日本の大学で英語で学ぶことの付加価値

(1) 手段としての英語

第1章で問題提起し、第2章で議論した国際高等教育の実践的意義と政策的意義を踏まえたうえで、日本の大学において国際関係論を英語で学ぶことの価値を再び振り返ってみたい。

まず、本書が対象とした大学は日本の大学である。そして、いずれも文部科学省が推進する「スーパーグローバル大学創成支援事業（SGU・TGU）」に選ばれた大学だ。このような大学において英語で学ぶことの付加価値は何か。

第3章で論じられたように、文部科学省がSGU・TGUを推進してきた背景には、日本人の英語力を高め、国際競争力を高めていく、という国家的な方針があった。それは、日本のグローバル化に資するという前提があったからだ。さらには、日本の大学の国際競争力を高め、日本の大学を魅力的なものにすることで、世界から優秀な留学生を引き寄せたいという願望も加わっていた。大学のグローバル化戦略や日本企業の採用戦略ともマッチする政策として推進されてきた。

しかし、そのようなアプローチは限界を迎えつつあるのかもしれない。たとえば、英語力を高めるとしたときに、これまでモデルとしてきた母語話者の「標準英語」を目標にすると、グローバル化した国際社会で飛び交う英語の実態からズレてしまう。グローバル化が欧米化を意味した時代は過ぎた。多種多様なアクターが、それぞれの世界観や価値観を携えて、国際関係では看過できない役割を演じるようになった。英語は、国境を越えた多様なアクターが意思疎通を図るための手段である。「正しい」英語から、使える英語、あるいは伝わる英語へとパラダイムシフトすることの重要性が、本書の第1章で明らかにされた。

第1章では、日本の大学においてEMI授業を実施することの利点として、

①留学生を惹きつけられること、②留学せず国内にいながら英語で専門教育を受けられること、③専門的な知識を得るだけでなく結果的に英語力も伸びること、④日本にいながら異文化体験ができること、の4点を挙げた。

日本語を理解しなくても日本の大学で学位を取得することができれば、外国からの留学生が日本の大学を進学先に選ぶ可能性が増える。少子化が進む日本の大学にとって、海外からの留学生が増えれば財政的に助かるうえに、SGU・TGU の目標とも合致する。

EMI 授業が提供されれば、英語で専門科目を受講できるようになる。海外の大学に留学しなくても、日本にいながら留学の果実を得ることができれば、それは日本人学生に「国内留学」という新たな選択肢を与えることになる。

EMI 授業についていくためには、学生の側に一定の努力が求められる。課題を読み込み、議論を繰り返し、レポートを書くなかで、学生たちは意思疎通の手段としての英語を使う機会が増える。場数を踏むことで英語力を伸ばすことができるのだ。少なくとも、高校卒業時に習得していた英語力のレベルを維持することができるだろう。

海外から優秀な学生が集まれば、日本の SGU・TGU 推進大学の教室が多文化・異文化空間に変わる。そうすれば、SGU・TGU 推進大学の日本人学生は、留学の醍醐味の一つである異文化体験を国内のキャンパスにいながら積むことができる。これは、国際関係を学ぶうえで、きわめて有益な環境といえよう。国際関係論を知識として学ぶのではなく、授業中の議論やグループ活動での実体験から国際関係の現実を学ぶのだ。

この世界には、いろいろな価値観が存在する。自分とは異なる価値観や世界観に触れ、ときに衝突や摩擦を経験することは、たとえ意見の相違が解消されなかったとしても、国際関係をリアルに学ぶ機会となる。そのような経験は学生たちに貴重な気づきを与えてくれるだろう。そのような気づきを日本にいながら得られることが、EMI 授業の最大の付加価値かもしれない。

多種多様な価値観や文化的背景をもつ学生が、ともに学びあう空間を日本の大学に作ることは、「正しい」英語の発音や文法を学ぶこと以上に、日本のグローバル化に資するだろう。ただし、EMI 授業を提供して、世界の学生に門戸を開くだけでは、海外から優秀な学生が集まるとは限らない。彼らを惹きつけるためには、日本の大学における学びが魅力的なものでなくてはならない。そのための手段として、学習者主体の学びが鍵を握ると考え、本書ではアクティブ・ラーニングの実践例を紹介してきた。

(2) 学習者主体の学び

一般論として、本書で焦点を当ててきたアクティブ・ラーニングの技法は、学習者主体の学びを促すだろう。アクティブ・ラーニングの技法を採用して大学の学びを魅力的にすることの効用は明らかだ。

次に、本書のテーマである国際関係論において、従来どおりの講義形式ではなく、アクティブ・ラーニングのような学習者主体の学びを推進する理由を挙げる。まず、高校では国際関係論を教科として学ぶことはない。大学に入って初めて触れることになる。入学してくる学生のなかには、国際関係論とは、どういった学問なのか、具体像を知らない者も多い。だからこそ、大学の「学《まなび》舎《や》」としての役割は、国際関係論の分野では他の分野よりも遙かに大きい。大学の授業を通じて、初学者である大学生に、まずは国際関係の分野に興味をもってもらうことが何よりも重要である。その意味で、教員に求められるのは、学生の関心を引き出すことである。そして、ワークショップなどのアクティブ・ラーニングは、それを容易にする。

さらに、学生が国際関係論に対する関心を維持するためには、国際関係論を学ぶことが、学生たちの人生に、どのような意味をもたらすのか、しっかりと可視化する必要がある。もちろん、この意味づけは、学生自身がするものだ。同時に、それを促す努力は、教員や大学の側にも求められるだろう。学習者主体の学びは、学生たちに国際関係の多種多様な課題を自分ごととして捉える機会をつくる。自分の意見を他者と対話しつつ練り上げていくことを可能にする。

つまり、このような付加価値を日本の大学の国際関係論の授業で見出すことができるような体制を構築することが、グローバル人材の育成というSGU・TGUの目標の実現に寄与する。ここで注意が必要な点は、本書で強調したいのは英語で学ぶことの優位性ではなく、英語で学べるようにすることで、多文化環境が作りやすくなるということだ。多様な背景をもつ学生が集うことで、国際関係のダイナミズムを実体験できる学舎《まなびや》を提供することが可能になる。それは、大学での国際関係論についての学びを劇的に実感の伴ったものに変えていくことになるだろう。

しかし、学生が国境を越えて集ってくることは、多様な価値観が教室内に共存することを意味する。ときに価値観が衝突することもあるだろう。学生たちが衝突を恐れず、また懸念なく本音を語れるような場を作ることが求められる。本章の第6章で小山が紹介したように、日中韓から集まった学生たちが、歴史認識などの政治的にセンシティブな問題を自由に議論するためには、教室内に「心理的安全性」を確保しなくてはならない[1)]。

幸いSGU・TGU推進大学に進学する日本人学生の英語の基礎力は日本の一般的な受験生のレベルと比べて遙かに高い。もちろん、いくら学生の英語力が高かったとしても、慣れ親しんだ学びの形という心理的な殻を破るには工夫が必要だ。たとえば、受け身で講義を聞くという習慣から、積極的に聴くように態度や行動の変容を促すには、具体的な介入が必要になるだろう。教員の声かけや働きかけが一つの具体的な介入となりうる。自分の頭で考えるとは、どういうことなのか、具体的に手順を示すことも有益だろう。アクティブ・ラーニングの利点は、行動変容に必要な気づきを体感できる点にある。

学びの流儀には、それぞれの文化がある。日本では日本文化に根ざした学びのあり方を尊重することが大切だという指摘があるだろう。しかし、SGU・TGUに選ばれた一握りの大学では、日本文化を言い訳に殻に閉じこもることを避けなくてはならない。文化は生き物だ。他の文化に触れることで、相互に触発されて変化を遂げる。英語を用いることで多文化環境を意図的に作っているのだから、文化を理由に変化を拒むのではなく、積極的に変化を楽しむくらいの気概が求められよう。たとえば、身分制度の撤廃、女性の社会進出、戦争を違法化する憲法の制定など、国際関係のなかで日本社会は変化を遂げてきた。国際関係とは、異なるものの摩擦から新しい形が削り出されてきた変化の歴史の積み重ねでもある。

EMIを導入して多様性を教室内に生み出す。さらに一方的な講義ではなく、アクティブ・ラーニングを採り入れる。こういった変化を許容するためには、大学の側にも紛争予防の対応を練っておく必要があるだろう。第6章で紹介したキャンパス・アジアの試みは、特別なプログラムとして実施したため、大学側のサポート体制があった。試行錯誤を重ねながらニーズに合わせた修正を重ねることができた。しかし、通常のカリキュラムに多文化共生アクティブ・ラーニングを組み込むとき、大学として、どのように制度的なサポートを確立していくのか、課題が残る。

TA制度の積極的かつ柔軟な活用が、当座の対策としては考えられる。しかし、同時に大学における学びの質的な変革を持続可能なものとしていくには、小手先の修正では不十分だろう。採用する教員の資質を見直し、新しい学びに求められる多様なニーズに応えられるように、多様なタイプの教員を集めていく必要がある。

2. コロナ禍を通じて認識した学びの場としての大学の役割

現在の大学教員が現実のニーズに応えられないのだとしたら、ニーズに合致した人材を大学は確保しないといけない。では、現実のニーズを満たすために、大学に求められている機能とは、どのようなものなのか。実は、大学という場は、異なるいくつもの役割を担っているのだということが、コロナ禍を通じて改めて明らかになった。この異なる機能のすべてを一人の教員が担うことは不可能だろう。学生の多様化とともに教員の多様化を図っていくことが大切だ。SGU・TGUでは、たとえば外国人専任教員等の増員が対策として掲げられている。しかし、外国人だからといって、必要とされる多様な機能を一人で担うことができるわけではない。21世紀型コンピテンシーの養成を学習者主体の学びを用いて実践するうえで、国籍や国際経験や語学力のみが重要な判断基準とはならない。海外の大学院で博士号の学位を取得したからといって、ファシリテーションに長けているとは限らない。アクティブ・ラーニングの多様な手法に通じていないかもしれない。第3章で指摘したとおり、外国人教員の採用を増やしたからといって、それが学びの質の向上に直結するわけでも、持続可能な教学改革を可能にするわけでもない。

以下に大学に求められる役割を、イノベーション・ハブ、学生サポート、中継ぎ、オンラインの可能性、の4つの論点に分けて論じていく。

(1) イノベーション・ハブ

これまでも、そしてこれからも大学に期待されるのは、イノベーションを生み出す土壌としての役割だろう。知的化学反応を引き起こす触媒としての機能が大学には求められる。21世紀型コンピテンシーとして、創発を生み出す能力が挙げられている。正解がない新しい問題や複雑な問題に直面したとき、異なる背景や専門性をもった人材が集い、意見を交換することで、創発が可能になる。この創発を促す場としての大学の役割は大きい。

自然科学の分野では、大学の研究室と企業が密に連携してイノベーションを生み出してきた。経済学や経営学の分野においても、そのような傾向はあるだろう。ところが、国際関係論が対象とするものは、外交であったり、国際紛争であったり、大学とは距離がある事象を扱うという認識が存在する。したがって、学生が教室で学んだ知識や考えたアイデアを実社会に応用する機会が乏しい。さらに教室で学ぶことが、現実社会の変革や進歩を生み出すイノベーションにつながるという実感も少ない。

このような課題に対する一つの答えは、本章の第6章で取り上げたキャンパス・アジアの試みに見出せる。キャンパス・アジアでは、学生一人ひとりが国際関係の主体となり、実地で国際交渉を体感できる機会を提供した。大学の授業が、実体験を積む場となっているのだ。もちろん、複雑でセンシティブな問題を扱う場合、簡単に解決策は導き出せないだろう。しかし、あえて複雑でセンシティブな問題を安全に議論できる環境を大学が提供することは、イノベーション・ハブとしての機能を大学が担ううえで、きわめて重要だ。異なる意見が衝突して、気まずい雰囲気になるかもしれない。しかし、その体験も含めて、学生たちが、意見をぶつけあったうえで、関係を維持したり、回復したりする経験を大学が提供するのだ。そして、このような学びの場を創造し、マネージする能力が大学教員にも求められている。21世紀型コンピテンシーを学生に授けるには、教員の側にも、その素養が身についていないといけない[2)]。

(2) 学生サポート

ここでいう学生サポートとは、第1章で触れたEMI授業における英語のサポート以外のものを指す。自然科学と違い、国際関係論では、学んだ理論や知識を実地で実験する機会がない。本書で紹介したアクティブ・ラーニングを駆使することで、ワークショップを国際関係論の実験や実習に代わるものと位置づけていける。

ただし、これまでワークショップは対面式を前提として実践されてきた。コロナ禍で試行錯誤をしながらオンライン化が進められた状況は、本書の実践例が示すとおり、教育現場のニーズに合わせて技術や設備が進化していった。教員よりも学生の対コロナ・リテラシーの習得スピードは速かった。同時に、メンタルな部分では、学生はコロナ禍前以上にサポートを必要とするようになったともいえよう。そのようなサポートを提供することも大学に求められる役割だった。大学に配属されたカウンセラーの役割だけではなく、教職員一人ひとりに課せられた新たな役割だといえよう。つまり、教員には国際関係論の知識や研究業績だけが求められるのではなく、学生のメンタルなサポートも求められる。ところが、国際関係論を専門とする教員には、そのような訓練を受けた者が少なく、また限られた時間を学生のメンタル・サポートに割くことも、果たして効果的なのか疑わしい。

では、どうやって学生のメンタルをサポートしていけばよいのだろうか。そこでTAの役割が重要になってくる。これまでTAに期待された役割は、教員の手助けをすることだった。しかし、今後は学生のメンタル面をサポートできるTAが必要になる。かといって、国際関係論を専攻する大学院生に心理カウンセラーの代わりが務まるわけはない。臨床心理学を専攻する博士課程の学生の方が、この役には適している。学部や専攻の垣根を越えた協力が求められよう。

第6章で紹介したように、オンラインで国境を越えて学生たちが集ったキャンパス・アジアでは、「ホームルーム」を意識的に用意した。複数のホームルームを一人の教員が担当するのではなく、複数の教員が分担することで、各教員の負担が減る。さらに、複数の教員に加えて複数名のファシリテーターを配置することで、教員の負担を軽減させるとともに、学生に対するサポートを厚くした。ファシリテーターは、よき聴き役となる訓練を受けているため、学生をサポートするのにも適任である。

このような体制が可能となったのは、キャンパス・アジアには国からの補助金があったためだ。しかし、通常の授業では、財政的制約により、複数の教員やファシリテーターを配置することは難しい。APU が実践したように、過去に当該科目を履修したことのある先輩学生を TA として活用するなど、工夫が求められる。

(3) 中継ぎという名の命綱

大学の機能として、中継ぎという役割も忘れてはならない。とりわけ、国際関係の文脈では、この機能は、大学での学びが現実に直結するチャネルになる。たとえば、第6章のキャンパス・アジアについての議論で言及したように、日中韓の間は、政治レベルでギクシャクしやすい。実際に、歴史認識や慰安婦問題などを扱うため、学生たちの見解も世相を反映しやすい。もちろん、意見の相違から対立が生まれてしまうこともあるだろう。そして、授業の期間中に解決策を導き出せるとも限らない。しかし、国家間で対立や緊張があるなかでも、あえて対話を閉ざさない、途切れさせない努力は、平和を考えるうえで、とても大切なことだ。

とりわけ、早稲田大学、上智大学、APU といった私学では、国策とは距離を置いた立ち位置で、民間外交に取り組むことが使命であると考える。国家間外交で生じた隙間を埋め、両者が断絶しないように繋ぎ止めておく命綱の役割を大学が担うことができるだろう。民間外交・交流のプラットフォームとしての大学の役割は、国際高等教育を担う大学にもっと自覚されてよい。国境を越えた市民の連帯を大学間のつながりが維持することで、対話を絶やさないようにする。

国際関係とは国家と国家の関係だと本章の冒頭で定義した。国家と国家の関係が険悪になって戦争にならないようにすることが、国際関係論を学ぶ意義でもある。最悪の事態に備えて自衛策を講じることも必要だが、それにもまして最悪の事態に至らぬように全力を尽くすことが大切である。政府機関の公式協議を第一の路線とすれば、大学には第二の路線（セカンド・トラック）としての役割がある。国際関係に関するシンポジウム、国境を越えた国際共同研究、交換留学制度を含めた大学間交流は、コロナ禍で停滞を余儀なくされた。しかし、キャンパス・アジアのような取り組みによって、政府間の関係が冷めていた時期においても、オンラインを通じて民間交流を維持することができた。

(4) オンラインの可能性

コロナ禍を経験した学生の感想にも見られたように、大学のプラットフォーム（人々が集い、共通の目標に向かって切磋琢磨する場）としての役割を再認識することになった。大学では、ホームルームがない。それぞれの学生が個々人で履修計画を立てる。皆が一致団結して何かに取り組むという経験が、大学のカリキュラムからは、なかなか得られにくい。もちろん、サークル活動や部活動を通じて、そういった体験は習得できるだろう。しかし、コロナ禍となり、課外活動が制約を受けるなか、オンライン授業が唯一の交流の場となっていた。場合によっては、オンライン授業が孤立し孤独感に苛まれていた学生の命綱になっていたかもしれない。ポスト・コロナの時代に移った現在、オンラインの学びあいの意義は失われてしまうのだろうか。

そんなことはない。オンラインであったとしても、ともに学びあう体験は貴重だということがコロナ禍で実感できた[3)]。その経験を提供できるのが大学の最大の魅力であり、今後の大学にも求められる機能だろう。コロナ禍により設備が整ったことにより、今では簡単に大学のキャンパスの外ともつながることができる。空間を超えて学びの現場がつながる。たとえば、大学と難民キャンプをつないだり、国連やNGOとつないだりすることで、学生たちは遠隔にいる人々とオンライン上で対話ができるようになった。

また、キャンパス・アジアの取り組みに関連して、ミネルヴァ大学の試みが参考になる。キャンパスをもたず、全課程がオンラインのアクティブ・ラーニングで有名になったミネルヴァ大学では、オンラインでも同時双方向、反転授業、1クラス20名以下という原則が維持されているそうだ[4)]。学生が寮生活をすることで授業時間以外での共同生活を可能としているため、余白の体験を通じた学びあいが促される仕組みがある。

文部科学省の「大学の世界展開力強化事業」の一つであるキャンパス・アジアを実施することで、日中韓という実際の政治に左右されやすい3カ国の学生が物理的に集う場として早稲田大学が一定の役割を果たしてきた。コロナ禍で対面による対話が難しくなっても、学生たちをオンラインでつなぐことで対話を促す機能の一部は代替できることも明らかになった。もちろん、教室内での対話をカフェテリアで続け、寮に戻ってからも夜を徹して議論するといった体験は、オンラインではやりにくい。しかし、技術が進めばVRを用いて、ヴァーチャル空間で、一緒に食事をしたり、ベッドに寝ころびながら議論したりすることも可能になるだろう。

3. 授業のオンライン化の効果と課題

(1) オンライン化で見えた国際高等教育の可能性

オンライン化の最大の利点は、これまで高等教育の恩恵を受けなかった人々へ門戸を開くことになった点だろう。たとえば、インターネットにつながることで、難民キャンプにいても学ぶ機会が生まれた。仕事をしながら、地球の裏側の大学が開講するオンライン・オンデマンド授業を受講することも可能になった。

この進化は、一方で国際高等教育の可能性を大きく切り拓いた。他方で、デジタル格差を限りなく広めてしまう危険性も孕む。これまでの開発援助が、先進国が途上国を搾取する過程にもなったように、国際高等教育先進国が、難民キャンプや紛争地などの現場から一方的に学ぶだけで、それが難民や紛争地の人々に還元されない状況に陥るリスクがある。

学生たちは、国際社会の現実を学びながら、自らの学びが格差を助長しかねない現実からも目を背けてはならない。物事の一面だけでなく、別の面についても想いをめぐらせることが大切だ。そして、学びの過程がたとえオンラインであったとしても、多文化空間における参加型の授業では、学生たちに多面的な思考を促しやすい。つまり、新たな格差を生み出しかねないオンライン授業という名の両刃の剣を鞘に収めてお蔵入りにしてしまうのではなく、リスクも含めて学びに転化できればよい。リスクを回避するのではなく、新たな非伝統的な学びを作っていくチャンスと捉えることができるだろう。画面の向こう側の生身の人間から一方的に学ぶのではなく、ともに学びあうには、学生たちは何を考え、何をしていけばよいのか。この自問を常に意識し反芻することで、地球の裏側の出来事を「自分ごと」として認識する機会になるのではないか。

(2) オンライン化で見えた新しい体制の必要性

オンライン授業を成功させるには、学生に対して課題を出し、学生の取り組みに対して随時フィードバックを与えていけばよい。オンデマンドで事前に課題図書を提示し、学生が予習をしっかりとする体制を整えておくことが、その後の議論やグループ活動を実り多いものとしてくれる。課題図書を読んでインプットしたことを、レポートやエッセイを書くことでアウトプットにつなげる。この作業を繰り返すことで、オンラインの状況でも学生たちが脱落しにくくなった[5)]。しかし、受講生が百人を超える授業を複数抱える教員が、毎週課題をチェックしてフィードバックすることは、相当の労力を要する。もしTAの専門性が高ければ、適切なフィードバックを与えてくれるだろう。授業の補佐としてのTAというよりは、共同授業進行役（co-facilitator）として、これまでのTAを位置づけ直すとよいのではないか。

英語との関連でいえば、国際関係論を担当する教員は、外国語教授法や習得についての専門性を兼ね備えているわけではない。他方で、語学教員が語学の授業のなかで、国際関係論の問題を題材・教材として取り上げることはあったとしても、彼らは必ずしも国際関係論の専門家ではない。したがって、国際関係論をテーマとするEMI授業は、国際関係論を専門としつつ、英語で授業を実施できる教員によって担われることが多い[6)]。

だとすると、語学教育に長けたTAを配置して、語学サポートを期待することも一案だ。あるいは、英語（language）の教員と国際関係論（contents）の教員がタッグを組んで授業を企画運営することができれば、学《まなび》舎《や》としての大学の機能は格段に進化するに違いない。さらに品質保証の原則を教育に当てはめれば、オンライン授業にも対応できるように学びの空間をデザインする（process）教員も必要になる[7)]。複数のそれぞれ特性の異なる教員による共演を教員の負担増を強いることなく大学の授業の通常形態としていくには、課題は多い。しかし、方向性としては、間違っていないだろう。また、技術や設備の向上によって、国境を超えた学びをデザインしていくうえでも、教員の複数担当制は可能性に満ちている。

(3) 非言語コミュニケーションを補う代替技術

コロナ禍で最も制約を受けたのが、人々との交流や対話の機会であろう。私たち人類は、意思疎通の大部分を非言語コミュニケーションによって成立させている。顔の表情やボディーランゲージと呼ばれる身体を使った意思表示も円滑なコミュニケーションに欠かせない。オンライン化によって、非言語コミュニケーションに制約を受けた環境下で、いかに意思を伝えるのか、わかりあえるのか、といった課題が生まれた。そのおかげで、コミュニケーション過程を意識化できた。また、これまでは工夫をしてこなかったこと（相槌の打ち方、顔だけでの意思表示＝腹芸に変わる顔芸）を試してみる機会となっただろう。

オンラインで多文化アクティブ・ラーニングを続けていくと、物理的な距離感があるため、逆に赤裸々な本音が激突するケースが増えていくかもしれない。コロナ禍では、マスクをすることが常習化した。顔がマスクで覆われ、コミュニケーションの情報量が大幅に減ってしまった。これまで、非言語コミュニケーションによって伝えてきた微妙なニュアンスや緊張を緩和させる仕草や表情が使えないとき、学生たちは、どうやって平和裡に意見を交換することができるのだろうか。身体的な安全は、オンライン化で確保できるかもしれないが、心理的な安全は、むしろオンライン化で脆弱になってしまうかもしれない。

国際関係論で扱う事象では、価値観の衝突が避けられない。人類が編み出してきた非言語コミュニケーションを代替する新技術がないまま、オンラインで政治的にセンシティブな議論をすることは、対立を先鋭化させてしまいかねない。学びあう学生たちが、互いを尊重することができなければ、本音を吐露しても安全な学びの場としての大学の機能は失われてしまう。対面的な人間関係の構築が難しいオンラインでは、学生たちの心理的安全性の確保が、重要な懸案事項として浮き彫りになった。

4. 学習者主体の学びの課題

(1) 学生評価の実例

次に学生評価に関する課題を議論する。評価の基準を旅に例えれば、独学者はバックパッカー、従来の授業形態での学生はパッケージ旅行者、アクティブ・ラーニングを一部取り入れた第4章（小林）や第5章（上杉）の事例は、パッケージツアーのなかに数日間の自由時間が設定された感じになる。その自由時間を自主的に設計するような旅といってよいだろう。第6章（小山）の場合は、往復の航空券と宿泊先は決まっているが、残りはすべて自由行動のような旅になる。いずれの場合も、アクティブ・ラーニングが成功したといえるためには、21世紀型コンピテンシーを学生が身につけ、社会で活かしていくことが必要になる。海図なき大海原に探検家として船出ができること、という目標に対する達成度が評価の基準といえるだろうか。

実際に、本書で紹介した3つの実践例では、どのように学生を評価したのか。小林が第4章で紹介したような一コマで完結するワークショップの場合、上杉が第5章で紹介したように複数週にまたがるワークショップの場合、そして小山が第6章で紹介したような複数大学が国境を越えて共同で実施するコースの場合に分けて、学生の評価方法を振り返ってみたい。

①一コマ・ワークショップ

小林の場合は、ワークショップを実施した授業のあとに、5日程度の猶予を与えてリアクション・ペーパーやショート・エッセイ（以下、内省書）を書いて提出してもらい、評価の対象とした。たとえば、授業全体の評価の内、ワークショップ後の内省書の評価が占める割合は30％とした。小林の授業では、単発ワークショップを3回実施したため、各回の内省書の評価は、それぞれ全体の10％に相当した。

内省書は、単なる感想にとどまらず、第4章にも記載したように、ワークショップを経験した後の批判的な考察や深い洞察を要求した。批判的考察や深い洞察が、どの程度できているかを評価の対象とした。単なる感想やワークショップの内容のまとめは低評価、教員が授業中にまとめた論点や一般的な議論を含めれば中程度の評価、批判的思考ができて高評価となった。具体的には、学び方としてのワークショップの限界を指摘した内省書は高く評価された。また、ワークショップを経験した後に新たに文献を読んで議論をしたり、過去に自分が読んだ文献から得た学術的議論とワークショップの経験を結びつけた内省書にも高得点が与えられた。

小林の場合、教員が求める解を答えることが大切なのではなく、むしろ教員が考えてもみなかった、学生なりの知の追求が評価される点が特徴である。この点については、上杉の場合も類似している。本書で取り上げたオンライン・ロールプレイではなく、その他のグループ活動の成果発表では、「独創性」といった評価基準を予め提示したうえで学生同士の評価（peer review）を実施した[8)]。「独創性」とは何を指すのか、について予め学生たちと共有しておいた。「独創性」とは既存の方法や誰でも簡単に思いつくようなものではない、ハッとするようなアイデアのことを指し、そのような思考を奨励した。

②複数週にまたがるワークショップ

ただし、上杉の場合は、小林の場合とは違い、内省書の内容については配点の軽重を設定しなかった。提出すれば、自動的に加点がされるように設定した（毎回2点×15週 =30点）。全体の成績の30%が内省書を提出することで得られるが、そのうちのロールプレイの配点は3週間分の6点に過ぎない。アクティブ・ラーニングの目玉はロールプレイだが、その適切な評価法は定まっていない。そのため、配点を低く設定したうえで、ロールプレイを踏まえた内省書を提出すれば、書かれた内容の質に関係なく加点した。

なお、採点から話は逸れるが、クラス全体に紹介したいような内容が書かれた内省書は、次週の冒頭で紹介することにした。どの内省書を共有するのかは、TAと相談して決めた。上杉が推す内省書の多くには、教員が想定していないような独創的な意見や見落としていた本質的な問いが含まれていた。ロールプレイの期間中や中間・期末試験では、この取り組みは停止していたが、それ以外では内省書の共有は毎週のように継続した。内省書は成績をつけるためというよりは、学生が自らの学びを振り返る機会、学生の学びを教員や他の学生に共有する機会として位置づけていた。そのことは最初の授業で学生たちとも共有していた。つまり、学びの成果よりも成果を生み出す過程から学ぶことを重視するという教員の姿勢を伝えている。

参考までに、上杉が用いた評価方法を次頁の表1に記す。第6週目と第14週目に実施した学生によるグループ活動の成果報告（プレゼンテーション）は、グループごとに成績をつけ、それ以外は個々人で成績をつけている。授業への貢献度は、班長を担ったり、授業中に挙手やチャットを通じて意見を述べたり、クラス全体に共有される内省書を書いたりした学生に対して、教員がTAの意見を参考にしながら加点していった。

表1　評価基準

採点区分	評価手法	成績全体に占める割合
個人	中間試験	20%
	期末試験	20%
	内省書	30%
	授業への貢献度	10%
グループ	プレゼンテーション	10×2回=20%

③複数大学が国境を越えて共同で実施するコース

小山の場合も、上杉と同様に、評価時に重視したのは、成果物の質ではなく、成果物を作る過程だった。成果物はグループで制作するため、個人の成績をつけるうえでは、評価の対象とはしていない。上杉のロールプレイのときと同じである。他方で、大学の科目である以上は、学生たちを個別に評価しなくてはならない。小山の場合、その評価は、集中講座の最終日に課した全体の学びを振り返る内省書で実施した。小山は内省書を予め決められた基準によって成績をつけていた。

(2) アクティブ・ラーニングにおける学生評価

ワークショップ形式の授業における評価は、どうあるべきなのか。アクティブ・ラーニングの趣旨が、21世紀型コンピテンシーを習得して、実社会において活用するということであれば、それを学生の成績という形で評価することには馴染まない。では、どうすればよいのか。ワークショップやロールプレイなどのアクティブ・ラーニングにおける学生たちのパフォーマンスについて、個々人を評価するようなことは、本書で実践例として紹介した3事例では、いずれもしていない。3事例ともに、アクティブ・ラーニングを経て、学生たちが学び取ったことを言語化して、文章にまとめたものを評価していた。それが21世紀型コンピテンシーの涵養に結びついたのか、否かについては、授業の枠内では確認がしにくい。そのため、評価については、3名ともに内省書や試験などの従来の評価手段を併用している。

他方で、アクティブ・ラーニングを用いた授業の評価には、「ポートフォリオ評価」と呼ばれるものの利用が推奨されている[9]。学生の資料収集、成果物、自己評価の記録、教員による指導の記録などを整理し、「ルーブリック」と呼ばれる評価指標を用いながら学生と教員の対話によって評価を定めていく手法をポートフォリオ評価と呼ぶ[10]。分野は違うがアクティブ・ラーニング手法を用いた教育心理学の授業を担当した三田地によれば、学期の前半にルーブリックを学生に提示し、作成したポートフォリオを学生が自己評価する[11]。学生の自己評価と教員の観察に基づく印象評価との食い違いは、ほとんどなかったという[12]。オンライン授業支援シムテム（早稲田大学の場合は、Waseda Moodle）の導入により、ポートフォリオの作成と管理は容易になった。とはいえ、一学期に複数の授業を担当する教員が、受講生一人ひとりとポートフォリオを用いて「共同評価」をするのは荷が重いため、工夫の余地が残されている。

アクティブ・ラーニングにおける学生の積極性を測る指標は、チャットや内省書を含む発言回数や発言内容だけではない。資料検索、資料作成、プロジェクト管理など裏方の作業においても積極性を発揮する機会は豊富にある。

課題は、裏方の作業はオフラインで取り組まれることが多く、教員が十分に把握できない点だ。対策としては、学生に自分が取り組んだ貢献を内省書のなかで自己申告するように指導してきた。この部分は、ポートフォリオ評価に近いのかもしれない。

(3) EMI授業の評価における英語（語学）力の位置づけ

学生の評価において英語力は重要な要素とはならなかったのか。3つの実践例では、チャットを含む授業中の発言や試験、事後に提出する内省書など基本的に英語が用いられてきた。したがって、英語力が高い人の方が有利だと思うかもしれない。しかし、内省書では、論理的な記述がなされていれば、論旨が明快になり、高得点が与えられる。これは英語力というより、実は思考力の問題といえよう。そのため、EMI授業で求められる英語力とは、英語によって論旨が明快でわかりやすい表現を用いる力（論理性と文章力）のことをいう。3名の教員は、英語の語学の授業とは違い、提出された内省書の文法上のミスを指摘したり、スペルミスがあるからといって減点したりはしない。あくまでも内省書の論理的な明晰度や考察の深さなど、課された課題に対して、何を主張したのかという論文の「中身」が評価される。

論理的な思考力が重要だと述べた。言いたいことが明確であれば、それを英語でどのように表現したらよいのか、文法は正しいかといった英語力の差は、今後はテクノロジーの発展に伴い埋められていくだろう。語学力の差は、高性能の翻訳機能が埋めてくれる。3事例で導入された内省書は、授業の時間内に書くことは求められていない。そのため、時間をかけて準備し、執筆することが可能である。3事例で課せられた内省書は、アクティブ・ラーニングの個別具体的な経験を踏まえた記述が前提になっている。テクノロジーの向上に伴い、将来的には各学生が自分の母語で熟考したうえで、英語に翻訳するという方法も可能になってくるだろう。ただし、ChatGPTを用いたとしても、自分の頭で考え、意見を論理的にまとめる能力が学生の側に身についていなければ、高評価を得られる内省書は書けないだろう。

(4) カリキュラム

本書が実践例として挙げた3つの事例は、いずれも、その一科目で完結するわけではない。大学の4年間で履修する授業の一部に過ぎない。したがって、より効果的な学習効果を期待するのであれば、カリキュラム全体として見直していく必要があるだろう。

具体的には各大学の各学部が記した「カリキュラム・ポリシー」において、基本的な考え方が示されている。たとえば、早稲田大学国際教養学部のカリキュラム・ポリシーは、次頁のように定められている。EMIについては言及しているものの、学習者主体の学びやアクティブ・ラーニングについては、ポリシーに記されていない。事情は早稲田大学社会科学部、上智大学総合グローバル学部においても変わらない。他方で、APUでは、全学部共通の目標として、「主体的・能動的な学習スタイルへの「学びの転換」を目指す」としたうえで、アジア太平洋学部では、「a)「双方向」かつ国際学生／国内学生も含めた「協働学習」を促進する授業運営、b) 学生が自立した学習者となるよう、学生自ら考え、調査・分析し、批判・意見交換できる能力が身に付く授業運営」を

早稲田大学国際教養学部のカリキュラム・ポリシー

- 少人数指導の下で基礎的な教養を磨くとともに、多元的な視点、論理的思考を養うことに重点をおいたリベラルアーツ教育をおこなう。学部での共通言語を英語とし、日本語を母語とする学生には1年間の海外留学を必修とするなど高い国際感覚を身につけられる環境を整える。また、本学部のカリキュラムを、多数の留学生を学生組織の中に収めることにより、さらに強固なものにする。
- さまざまな分野の科目を履修するリベラルアーツ教育を実践する。多角的な視点を養い、論理的な思考力と分析力、実行力を身につけるため、開講科目を特定の分野に限定せず、世界の最新情勢を包括する多分野に幅広くわたる学際的な学習を可能にする。

① 英語力、第三言語の習得を通じた異文化の理解、統計学の基礎など、基礎教育においては各人のレベルにわかれて履修できるように科目を準備する。さらに高等教育に必須レベルの課題を課した基礎演習クラスを、英語により実施する。日本語を母語とする学生には、日本語による授業の履修も義務付ける。

② 教員と学生、そして学生同士での活発なコミュニケーションを大切にするため、少人数でのクラスを基本とする。クラス人数の上限を20人程度とする演習を、初級、中級、上級と入学時から卒業時までバランスよく配置する。講義型の授業では、日本出身の学生と世界各国からの学生、世界のトップクラスの協定校からの交換留学生が、ともに受講し、英語を介して議論する機会を提供する。

③ ほぼ全ての講義科目を英語で行い英語による多彩な科目の習得を課す。日本語を母語としない学生には、日本語習得のための全学的プログラムを活用し、提供する。より国際的な広い視野を獲得させるために、日本語を母語とする学生には、1年間の海外留学を必修とする。第三言語として、早稲田大学の全学的カリキュラムを活用した、多種多様な言語を履修できるシステムを提供する。英語圏のみならず、全世界的に展開されている早稲田大学協定校ネットワークの大学等から、留学先を選べるようにする。さらに主要言語（英語・中国語・朝鮮語・フランス語・スペイン語・ドイツ語・ロシア語）圏の海外留学については、準備段階に履修する科目や帰国後のフォローアップにあたる科目を用意する。

掲げ、学習者主体の学び方について、より具体的に記している[13)]。

理想的には、カリキュラム・ポリシーにしたがい、開講されている各科目が相互に補完的な役割を果たしつつ、学びのプロセスが制度化されていくことが望ましい。本書の第2章と第3章の議論が、単発のプロジェクトから、制度化されたカリキュラムの流れを示している。しかし、現実は厳しい。中野民夫は次のように記す[14)]。

「大学の教員といえば、それぞれの専門分野の研究者で、組織的には個人商店の集まりのようで、言い方を変えればタコツボ化しがちだ。隣の研究室の先生が何をしているかよく知らないし、お互いの授業に出たり、関わったりすることはまずない。(中略) 何か新しいものを一緒に創っていこうと話し合うクリエイティブな「打ち合わせ」が少ない。」

各教員の取り組みが、バラバラになったパズルのピースとなっている現状から、いかに一枚のパッチワークを作っていくのかが、私たちに課せられた宿題である。トップダウン式にカリキュラム・ポリシーを定めて、全教員がパズルのピースを持ち寄って、パズルを完成させるようにはいかないだろう。オーケストラのように指揮者のもとに教員が与えられた役割を果たすというわけにはいかない。ジャズの即興演奏のように、各自が自分のパートで最善を尽くすという方が現実に沿った姿だろう。

グローバル人材育成が功を奏して、学生たちが国際社会や地域社会に羽ばたいていくためには、新しい学びを私たち教員が提供していかなくてはならない。本書は、ポスト・コロナ時代の国際関係論の新しい学び方を模索する方たちの参考になればと思い制作された。EMI授業とアクティブ・ラーニングを用いた学習者主体の学びをキーワードに、コロナ禍で試みられた私たちの奮闘記をここでひとまず閉じることにしたい。

注

1） 具体的な方法は第4章で小林が紹介している。第5章（チームビルディング）、第6章（アイスブレイク）においても心理的安全性を確保するための取り組みが紹介されている。
2） 大学のイノベーション・ハブとしての機能を強化する取り組みとして、たとえば、慶應イノベーション・イニシアティブでリレーションシップ・マネージャーをする宜保友理子（慶應義塾大学イノベーション推進本部特任准教授）のように、従来の大学の専任教員を採用する基準とは異なる物差しで人材を登用し、有効活用している事例もある。https://www.keio-innovation.co.jp/team/gibo/
3） 大森（2024）
4） 松下（2022）
5） 大森（2024）
6） なお、言語（language）と専門（contents）とのギャップを埋める試みは、早稲田大学国際教養学部では、Area Studies and Plurilingual / Multicultural Education（APM）Programとして立ち上げられた。APM教員は言語教員として採用されつつ、同時に、担当教科の専門分野での博士号を取得している。同学部の学生たちは、英語に加えて、スペイン語、フランス語、中国語、朝鮮語を用いて専門教科が学べる。たとえば、スペイン語で国際関係の授業を受けることができ、2023年度では、International Relations between Spain, Latin-America and Japan: A Socio-cultural Approachという科目が開講された。
7） 品質保証とは、顧客や社会のニーズを把握し、それにあった製品やサービスを企画・設計し提供するプロセスのことを指す（日本品質管理学会（2015））。
8） 同時に、「独創性」が絵空事にならないように、「実現可能性」という基準も合わせて提示した。
9） 三田地（2016）
10） 東京学芸大学（n.d.）
11） 三田地（2016）
12） 同上
13） 立命館アジア太平洋大学（n.d.）p. 5
14） 中野（2017）p. 13

参考文献

大森愛（2024）「ポストコロナにおける対面式大学英語教育の意義の検討―コロナ禍前・中の授業評価アンケートとインタビュー調査から―」『日本大学FD研究』第11号、1-18。https://www.nihon-u.ac.jp/fd-center/uploads/files/20240130000001.pdf

東京学芸大学（n.d.）「ポートフォリオ」『実践的指導力育成を保証する評価指標の開発』https://www2.u-gakugei.ac.jp/~kyo-gp/portfolio1.html

東京学芸大学（n.d.）「ルーブリック」『実践的指導力育成を保証する評価指標の開発』https://www2.u-gakugei.ac.jp/~kyo-gp/rubric1.html

中野民夫（2017）『学び合う場のつくり方：本当の学びへのファシリテーション』岩波書店。
日本品質管理学会（2015）『プロセス保証の指針』https://jsqc.org/wp/wp-content/uploads/2023/12/21-001sample.pdf
松下佳代（2022）「ミネルヴァ大学における汎用的能力とその形成」『先端教育オンライン』6月号。https://www.sentankyo.jp/articles/71e6a20a-0010-43af-8578-c87e5621802f
三田地真実（2016）「第4章　対話中心型授業をファシリテーションでデザイン・実施する！―追体験型授業実践報告」中野民夫・三田地真実編『ファシリテーションで大学が変わる：大学編―アクティブ・ラーニングにいのちを吹き込むには』ナカニシヤ出版。
立命館アジア太平洋大学（n.d.）「教育課程編成・実施方針（カリキュラム・ポリシー）」https://www.apu.ac.jp/home/about/informationDisclosure/curriculum_policy.pdf
早稲田大学国際教養学部（n.d.）「2. カリキュラム・ポリシー」https://www.waseda.jp/fire/sils/about/overview/

著者紹介

【まえがき】**出口治明**
立命館アジア太平洋大学学長特命補佐、前同大学学長。ライフネット生命保険株式会社創業者。三重県生まれ。京都大学法学部卒。『「教える」ということ　日本を救う、［尖った人］を増やすには』（KADOKAWA、2020）、『還暦からの底力―歴史・人・旅に学ぶ生き方』（講談社現代新書、2020）など、著作は多数ある。

【編者・序章・第１章・第５章・終章】**上杉勇司**
早稲田大学国際教養学部・国際コミュニケーション研究科教授。静岡県立沼津東高等学校卒、米国ミネソタ州 Virginia High School 卒（Youth for Understanding による1年間の交換留学）、国際基督教大学教養学部卒、米国 George Mason University, Institute for Conflict Analysis and Resolution 修士課程修了、英国 University of Kent 博士課程修了。博士（国際紛争分析）。EMI として Introduction to Peace and Conflict Studies、Human Security、Conflict Resolution、Peacebuilding and Humanitarian Aid in Armed Conflict、Peace Communication、Global Conflict Resolution を担当する。いずれもワークショップ形式のアクティブ・ラーニング手法を採り入れた授業として展開している。一般向け著作に『紛争地の歩き方～現場で考える和解への道』（ちくま新書、2023）、『どうすれば争いを止められるのか～ 17歳からの紛争解決学』（WAVE 出版、2023）などがある。

【編者・序章・第１章・終章】**大森愛**
日本大学商学部准教授。国際基督教大学教養学部卒（英国 University of Sussex へ1年間の交換留学）、米国 State University of New York at Buffalo 修士課程修了、国際基督教大学博士課程修了。博士（教育学）。EMI として Fundamentals of Comparative and International Education、Language Policy and Multilingualism、Intercultural Communication in the Language Classroom、Japanese Education System and Learners of English などを担当する。'Do We Need EIL Perspectives in the Teacher Education Curriculum?: Reactions of Pre-service Teachers in Japan' などの論文を執筆し、現在は、Global Englishes、国際共通語としての英語、EMI に関する研究に取り組んでいる。私立中・高等学校教諭を経て大学にて教鞭を執る。

【第2章】**杉村美紀**

上智大学総合人間科学部教育学科教授。博士（教育学）。専門は比較教育学、国際教育学。国連大学サステイナビリティ高等研究所客員教授、日本学術振興会学術システム研究センター主任研究員、JICA 緒方貞子平和開発研究所客員研究員、日本学術会議連携会員。上智大学副学長（2014-2021）、ユネスコ国内委員会委員（2016-2022）、日本比較教育学会会長及び世界比較教育学会理事（2017-2023）を務め、2022年にユネスコの「1974年勧告」改訂に関する国際専門家委員に選出。近著に「学術交流：強靭性と脆弱性の共存」高原明生他編著『日中関係2001-2022』（東京大学出版、2023）、“Japan: Challenges in Internationalization of its Higher Education Sector” (with Yamaguchi, S.) in Kapur, D. et.al eds. The Oxford Handbook of Higher Education in the Asia-Pacific Regions. Oxford University Press. 2023. 編著に『移動する人々と国民国家：ポスト・グローバル化時代における市民社会の変容』（明石書店、2017）等。

【第3章】**佐藤洋一郎**

立命館アジア太平洋大学アジア太平洋学部、同研究科教授・学部長・研究科長。慶應義塾高等学校卒、慶應義塾大学法学部法律学科卒、米国 University of South Carolina, Government and International Studies 修士課程修了、米国 University of Hawaii 博士課程修了。博士（政治科学）。EMI として Japanese Foreign Policy、International Relations of the Asia Pacific を担当してきた。シミュレーションを取り入れた応用実践型の授業としては「戦略分析と意思決定」も担当している。前職は米国国防総省アジア太平洋安全保障研究所教授。客員教授として Colorado School of Mines、上級客員研究員として Yusof Ishak Institute of Southeast Asian Studies（ISEAS）での勤務経験もある。Palgrave, Routledge, Peter Lang などの海外有力出版社からの10冊を超える英文学術書籍や学術誌論文の出版に加え、BBC、Al Jazeera、Nikkei Asian Review 他多数の国際メディアから毎年数十本に上る出演やコメントの引用を受けている。

【第4章】**小林綾子**

上智大学総合グローバル学部総合グローバル学科准教授。栃木県立宇都宮女子高等学校卒、上智大学法学部国際関係法学科卒、一橋大学国際・公共政策大学院修了、一橋大学大学院法学研究科博士後期課程修了。博士（法学）。修士課程修了まで留学経験はなく、その後、在スーダン日本国大使館専門調査員（政務担当）、博士課程中に米国ハーバード大学研究員を歴任。上智大学英語プログラム Sophia Program for Sustainable Futures（SPSF）にて国際関係論に関する EMI を8科目担当し、ワークショップ型授業を展開。研究成果に「紛争再発と和平合意」『国際政治』第210号（2023年3月）、エリカ・チェノウェス［小林綾子訳］『市民的抵抗』（白水社、2022年）などがある。

【第6章】**小山淑子**
早稲田大学社会科学総合学術院准教授。東京都立白鷗高等学校卒、筑波大学第三学群国際関係学類卒（学部3年次に米国 Earlham College に1年間の交換留学）。民間企業勤務を経て英国ブラッドフォード大学平和研究学部にて修士課程修了（紛争解決学修士）。その後、国際機関で勤務する傍ら、同大学の博士課程を修了。博士（Ph.D.）。担当する EMI 科目に、Development Studies, Critical Development Studies, Synthesis of Conflict Resolution and Social Innovation など。近著に “Diffusion of labour rights: Georgia 2003 - 2019” in Bacon, P., Chiba M. and Ponjaert, F. (eds.) (2023) *The Sustainable Development Goals: Diffusion and Contestation in Asia and Europe*. London and New York: Routledge. pp. 142-152.

国際関係論の新しい学び
——英語を用いた学習者主体の授業実践

2024年4月10日　初版第1刷発行

編著者　上杉勇司
　　　　大森　愛
発行者　大江道雅
発行所　株式会社 明石書店
〒101-0021　東京都千代田区外神田6-9-5
電　話　03（5818）1171
FAX　03（5818）1174
振　替　00100-7-24505
https://www.akashi.co.jp/
装丁　明石書店デザイン室
印刷　株式会社文化カラー印刷
製本　協栄製本株式会社

（定価はカバーに表示してあります）　ISBN978-4-7503-5717-1

〈価格は本体価格です〉

和解学の試み 記憶・感情・価値
和解学叢書1 浅野豊美編
◉4500円

アポリアとしての和解と正義 歴史・理論・構想
和解学叢書2 梅森直之編
◉4500円

国家間和解の揺らぎと深化 講和体制から深い和解へ
和解学叢書3 波多野澄雄編
◉4500円

和解をめぐる市民運動の取り組み その意義と課題
和解学叢書4 外村大編
◉4500円

和解のための新たな歴史学 方法と構想
和解学叢書5 劉 傑編
◉4500円

想起する文化をめぐる記憶の軋轢み 欧州・アジアのメディア比較と歴史的考察
和解学叢書6 浅野豊美編
◉4500円

核時代の神話と虚像 原子力の平和利用と軍事利用をめぐる戦後史
木村朗、高橋博子編著
◉2800円

福祉NPO・社会的企業の経済社会学 商業主義化の実証的検討
桜井政成
◉4200円

新しい国際協力論【改訂版】
山田満編
◉2600円

SDGs時代のグローバル開発協力論 開発援助・パートナーシップの再考
重田康博、真崎克彦、阪本公美子編著
◉2300円

東南アジアの紛争予防と「人間の安全保障」 武力紛争、難民、災害、社会的排除への対応と解決に向けて
山田満編著
◉4000円

危機に対応できる学力 分断化した社会を修復する文化資本と連帯感
小宮山博仁
◉2000円

環境共生の歩み 四日市市公害からの再生・地球環境問題・SDGs
林良嗣、森下英治、石橋健一、日本環境共生学会編
◉2900円

ウェルビーイングな社会をつくる 循環型共生社会をめざす実践
草郷孝好
◉2200円

東アジア都市の社会開発 貧困・分断・排除に立ち向かう包摂型政策と実践
全泓奎、志賀信夫編著
◉3000円

ボルネオ島における持続可能な社会の構築 自然資本を活かした里山保全 奮闘記
鈴木和信
◉2500円